陳寅恪文集附録

陳寅恪先生編年事輯

蔣天樞 著

上海古籍出版社

目次

題　識

余欲纂「寅恪先生編年事輯」已數年，悠忽蹉跎，今乃得從事輯錄，距先生之逝世已將十周年，余亦老矣。追懷一九六四年夏謁先生於廣州，復承教誨，一別遂不獲再見，慟何如之！所知粗疏缺略，不敢名曰年譜，故題「編年事輯」云。茲所紀述，凡在光緒十六年庚寅先生出生前，有關先生家世、祖、父事跡之紀述，題曰「前記」。先生詩文中年月，多著舊曆。其癸巳元夕詩有句云：「先生過嶺詩爲曆。此是南來四上元。」今所紀述，以用干支紀年爲主，遵先生意也。先生論著已悉交出版社，故未能撮舉。僅著編年目錄附後。尚希知者糾其繆誤闕失，所深望焉。一九七九年六月二十日受業蔣天樞敬識。

拙稿承錢默存、張公逸兩先生暨家屬及先生的助教黃萱惠予指正闕失，藉免愆尤，謹致謝意。

陳寅恪先生編年事輯

卷上

前記

先生高祖父諱克繩。克繩父騰遠，字鯤池。始由閩之上杭遷江西義甯州（今江西修水縣）之竹塅里。曾祖父偉琳，字琢如。國子監生。先生《先世中醫之學》文中所謂「以醫術知名鄉村間」者。以子貴，贈光祿大夫。琢如公既精醫術，復以之教其子孫，以故三代皆擅中醫之學。

先生祖父諱寶箴，字右銘，琢如公第三子。生於道光十一年辛卯正月十八日。以附生舉咸豐元年辛亥恩科鄉試。嘗從父辦義甯州團練。咸豐十年，年三十歲，入京會試，不第留京。值英法聯軍陷天津，入北京，火圓明園，於酒肆遥見大火光，搥案痛哭，驚其座人。次年，南歸省母。時曾國藩以兩江總督駐安慶，往遊，曾引爲上賓，曰「海内奇士也」。不樂幕，欲自親事，謝去，回江西，參席寶田軍事，多所贊畫。時席寶田與江西巡撫沈葆楨不和，而沈又與兩江總督曾國藩有齟齬，兩爲之釋嫌隙，靖大局。同治三年後復就曾國藩江寧。曾贈聯有「半杯旨酒待君溫」之語，當在此時。同治四年曾移督直隸。此前，席寶田已爲敍功保知府。後公以家貧亦欲就官養母，遂入覲。約當同治六七年間「以知府發湖南候補」。初亦浮沉下僚累年。入光緒以後事，則分年紀之。生平事蹟詳見《散原精舍文集》卷五《巡撫先府君行狀》及《范伯子文集》卷九《故湖南巡撫義寧陳公墓誌銘》。

父諱三立，字伯嚴，號散原，右銘公長子。生於咸豐三年癸丑九月二十一日。弟三畏，出嗣叔父，早卒。母黃夫人，光緒二十三年十二月卒於父右銘公湖南巡撫任所。二十四年秋，右銘公遭嚴譴，罷巡撫職。冬，遂攜家扶母柩浮江湖至南昌，於府城西四十里西山下葬母。右銘公即於墓旁築室以居，取青山字相並屬之義，名曰「崝廬」。二十六年四月，右銘公以微疾逝。西山者，《水經》贛水注名曰散原山。晚年自號散原，所以識隱痛也。事跡略見吳宗慈撰《陳三立傳略》及附錄（文載《國史館館刊》創刊號，民國三十二年十二月出版）。有關右銘中丞及父伯嚴事跡擇要錄入《事輯》中。

光緒元年乙亥（公元一八七五）

本年，先生祖父寶箴署湖南辰永沅靖道事。治鳳凰廳，曰鎮筸（今湘西鳳凰縣）。爲湘西接近貴州境苗區，地處萬山中，民無所資生，敎之植茶種竹鉋薯爲糧。

先生姪女小從云：「聞竹韺老家乃山區，可耕地少，稻米不足，當地居民多種薯爲補。將薯鉋絲晒乾，可久藏不壞，食時可摻以大米蒸成飯。我家先世亦終年食此。故曾祖以敎湘西山區人民倣效，以解決缺糧問題。」

明年九月以母喪去職，還長沙。服滿後二年始授新職。

光緒二年丙子（一八七六）

本年某月日先生長兄衡恪生。乳名師曾，後以爲字。

先生姪女小從云：「先父有題爲《春日食艾餅，因憶童年值大兄生日，輒采艾製餌，今大兄歿已七載，侍食窮山，觸感哀賦》詩。可見大伯父生日在舊曆上巳節前後。其時艾葉初生，吾鄉舊俗，喜採嫩艾葉和以糯米粉蒸餅餌食之。」

光緒六年庚辰(一八八〇)

七月，先生祖父寶箴改官河北道。父三立攜家侍父赴任。兄衡恪生母羅孺人中道病卒。(按此屬河南省之河北道，治武陟。)

《誥封一品夫人先妣黃夫人行狀》：「光緒六年，余父之官河北道，不孝前婦道病死。遺五歲兒衡恪，於是夫人躬抱持，夜取臥衾側，時其寒煥溲溺。」(散原精舍文集卷五)《故妻羅孺人行狀》：「孺人姓羅氏，世居武寧之洋井里。外舅惺四先生之長女也。年十九，外舅知酉陽州，贅余於官。(按事在同治十二年，時先生父散原二十一歲。)余父由湖南往官河北，余偕孺人從焉。次潁上之溜犢灣，而孺人病死矣。得年二十六，爲光緒六年十月五日也。」(《散原精舍文集》卷一)

光緒八年壬午(一八八二)

春，先生祖父寶箴、父三立仍在武陟任所。

《弟繹年義述》：「君名繹，故名三畏。國子監生。後余三歲。父改官河北，於是涉河至武陟。尋又至杭州。九年，余父罷職，復居長沙。十四年四月七日以病卒。年三十一。」(散原精舍文集卷二)

《劉鎬仲文集序》：「光緒壬午春夏間，先侍郎方分守河北道，君則依婦翁懷慶知府居河內。慈民先生(鎬仲父)嘗挈君過先侍郎武陟官舍，余適南歸，留長沙。」(《文集》卷七)

本年秋，先生父三立還南昌鄉試，中式。試後至長沙，就婚外家俞宅。先生生母也。《繼妻俞淑人墓誌銘》：「淑人諱明詩，字麟洲。籍山陰，以父文葆公舉京兆，復爲宛平人。文葆公用知縣官湖南，有聲績，尋病痹廢。母梁夫人朝夕營護，甚憊。淑人弱小耳，番出代母。初余侍父分巡河北，歸應鄉試，道出長沙。故人李太守有棻之妻，淑人從姊也。李傳其妻之言曰：公子誠圖續娶者，無如吾妹賢。力媒合。於是試後就贅焉。淑人年十八也。明歲，余父罷浙江按察使，還長沙，淑人始朝舅姑。久之，余父奬其解文字，習禮曉大誼。余母悅其澹素，黜華飾。」(《散原精舍文集》卷十三)

本年秋，先生祖父寶箴擢浙江按察使，召對畢之官。

光緒九年癸未(一八八三)

春，先生祖父寶箴抵杭州，就浙江按察使職。僅數月，以前在河南省任內刑獄事被誣劾，免職。(詳見《巡撫先府君行狀》。《散原精舍文集》卷五)拂袖歸，還長沙。

范當世曰：「頗記光緒九年，得公與張君佩綸互訐之稿，壹皆不識，而心祖公也。其後，公獨尙余之文學而託以孫。」(《故湖南巡撫義寧陳公墓誌銘》。「託以孫」謂使孫衡恪婚范氏。)

是年，先生兄衡恪八歲。

《長男衡恪狀》：「羅淑人道病卒。於是衡恪夕依余母寢，朝就余父識字，説訓詁。衡恪七歲至十歲，能作擘窠書，間作丹青，綴小文斷句，余父輒舉以誇示賓客，忘其爲溺愛也。」（《散原文集》卷十三）

光緒十二年丙戌（一八八六）

先生父三立成進士。授吏部主事。（吳宗慈撰《陳三立傳略》。後簡稱《傳略》）旋以侍父告歸。

吳宗慈曰：「時先生尊人右銘中丞有政聲，先生恆隨侍左右，多所贊畫。藉與當世賢士大夫交遊，講學論文；慨然思維新變法，以改革天下。未嘗一日居官也。」

祖父寶箴自杭州任所還長沙後，自放山水間。明年（光緒十年），湖南布政使龐際雲護巡撫，奏起寶箴，以病辭。十二年，兩廣總督張之洞復奏調至粵，任緝捕局，治羣盜。滄趣樓集乙巳詩自注：「丁亥遊粵，遇先德右銘年丈於軍幕。」「旋以大河決鄭州，詔府君襄塞河。而李文正公（名鴻藻，直隸高陽人）方持節河上，府君不任督工，度形勢，助謀畫而已。而李公傾倒府君自茲始。」（《行狀》）

按：河決鄭州，當在十三年夏秋間。

光緒十四年戊子（一八八八）

本年家屬仍居長沙。正月初四日，兄隆恪生。

光緒十五年己丑（一八八九）

十五年秋，湘撫王文韶疏薦「陳寶箴可大用」，召入都。明年，授湖北按察使。按：王文韶於十四年二月再度任命爲湖南巡撫，七月到任。本年六月，王文韶擢任雲貴總督，十月交卸湖南巡撫，赴新任。其奏保降調前浙江按察使陳寶箴在本年八月。見《清史列傳》卷六十四《王文韶傳》。公之離浙江任至是已六年。

光緒十六年庚寅（一八九〇）

舊曆五月十七日（己酉），先生生於湖南長沙周南女中唐劉蜕故宅。（此師昔年面告）時父伯嚴三十八歲，母俞二十六歲。兄隆恪三歲。

《散原精舍詩集》卷上《賦贈陶榘林》詩句云：「初憶逢君蜕宅邊」自注：「長沙周氏蜕園，卽唐劉蜕故宅。」

先生祖父右銘公《僑寓湘中六十初度詠懷》詩自注：「時賃居長沙通泰街周達武提督宅，卽唐劉蜕故宅地也。」

先生生寅年，祖母名之曰寅恪。（據黃萱記先生語）以名行。昔年樞嘗以字請，師語之曰，「憶聞，余生時適老人熊鶴村來，先祖擬以鶴壽字余，然此字未曾使用。」

《散原詩集》卷上《於舊篋得熊鶴村光祿遺墨感賦》詩：「九十老人揮手别，花飄雨斷歲華深。」又云：「獨公提攜謂我好，想得落筆從霑襟。」

本年正月十八日，先生祖父右銘公六十初度，有《僑寓湘中（注已見前）六十初度避客入山詠懷》詩云：「羲和驅急景，六轡無時休。朱明變春暘，欻然驚已秋。人生百年內，蹙蹙欲何求。瑤池宴穆王。蛺蝶爲莊周。邯鄲一炊黍，赫赫公與侯。形骸託逆旅，過眼若雲浮。曠攬躡五嶽，渺然小九州。鴻荒復幾時，逝者皆蜉蝣。乘化無盡期，萬世同一漚。」（錄自師母手鈔稿。右銘公詩僅見此一首，故錄於此。）

先生祖父寶箴「授湖北按察使。視事三日，改署布政使。逾一年還任。」

按：十五年十一月張之洞任湖北總督，譚繼洵任湖北巡撫。《巡撫先府君行狀》云：「兩公頗異趣，要皆倚府君爲助。府君亦益發舒，用職事自效，然有不合必力諍，犯顏抗辨不少絀，兩公初不懌，卒輒從府君議也。」

光緒十七年辛卯（一八九一）　先生二歲

十月，祖父寶箴署湖北布政使。（光緒湖北通志職官六）蓋即《行狀》所謂「復署布政使」者是。

冬十一月十五日，弟方恪生。

光緒十八年壬辰(一八九二)　先生三歲

祖父寶箴仍官湖北布政使。父隨侍湖北任所。

光緒十九年癸巳(一八九三)　先生四歲

祖父寶箴仍官湖北。父隨侍。疑本年先生已隨母同至湖北任所。

按：散原翁作父《行狀》稱：「十九年，復署布政使。」而覆宋刊《黄山谷集題辭》又稱「侍父官湖北提刑」。豈年初官布政使，而後又改署按察使耶？

題辭云：「秋，擕友游黄州諸山，遂過楊惺吾廣文書樓。徧覽所藏金石秘籍，中有日本所得宋槧黄山谷内外集，爲任淵史容註。據稱：不獨中國未經見，於日本亦孤行本也。念余與山谷同里閈，余父又嗜山谷詩，嘗憾無精刻。……乃從假至江夏，解資授刊人。越七載而工訖。」(署二十六年二月。此題辭文集不載)

三月三十日，妹康晦生。

光緒二十年甲午(一八九四)　先生五歲

先生祖父寶箴仍在湖北按察使任。本年冬，調直隸布政使。

《巡撫先府君行狀》：「尋以中東構釁，大興兵防海，京師戒嚴，朝廷乃授府君直隸布政使。是年

冬，馳入覲。召詢戰守方略甚悉。退復條陳畿防諸事宜。」（《散原精舍文集》卷五）

《讀顧所持自寫遺詩悼以此作》詩自註：「甲午冬，先公官湖北按察使。君嘗留居署後乃園兩月。」（《散原精舍詩續集》卷中。按：此詩作於民國三年甲辰）

《人日樊園探梅》詩：「昔臥乃園棲山坳，官梅下上赤白髾。」自注：「光緒中，先公官湖北按察使，署後乃園，有梅百餘株，遊息於此園凡四歲。」（《續集》卷上。此詩作於民國二年癸丑）

八月二十五日妹新午生。

本年冬，先生長兄衡恪（師曾）年十九歲，與范當世女孝嫦結婚於湖北按察使署內。

是冬范當世偕妻姚倚雲由天津送女至湖北。時右銘公將北行入覲，行前十餘日，范始抵湖北使署。（據范文，已忘何篇）

姚倚雲《遣嫁孝嫦書以勗之》詩有「遼海三年吾愧訓。楚江一別汝悲忱」之句。（《蘊素軒詩稿》卷四）

范當世《內人有詩別女吾亦不可無以詒師曾也遂次其韵》詩：「平生冰玉有餘音，不覺推移望汝深。如此婦翁應可意。向來兒女未關心。聖謨漠漠精猶粲。人海茫茫血見忱。萬事不如文盡寫，幾年燕楚對披吟。」又有「乃園梅萼萬千枝，寒雨江城入夢思。……再見飄搖定何處，懷貞履道勿相疑」之句。（《范伯子詩集》卷九）

光緒二十一年乙未（一八九五）　先生六歲

先生與父母留武昌按察使署中侍祖母。

先生《先世中醫之學》文云：「猶憶光緒二十一年乙未先祖擢直隸布政使，先君侍先祖母留武昌。一日忽見傭工攜魚翅一榼，酒一甕，並一紙封。啓先祖母曰：此禮物皆譚撫台所贈者。紙封有銀票五百兩，請查收。祖母曰：銀票萬不敢收，魚翅與酒可敬領也。傭工從命而去。寅恪侍側，時方五六歲，頗訝爲人治病尚得如此酬報，時在童稚，因爲前所未知，遂至今不忘。譚撫台者，譚復生嗣同之父，時任湖北巡撫，曾患病甚劇，先祖爲處方療愈之。譚公夙知吾家境不豐，先祖又遠任保定，恐有必需，故饋以重金也。」（記夢殘稿）

是時，先生與兄隆恪均在家塾讀書。

中山大學「文化大革命」中第七次交代底稿：「小時在家塾讀書，又從學於友人留日者學日文。」（此一九六七年十二月「第七次交代稿」語。姑附系於此。）

先生姪女小從云：「我父和六叔在出國前那段啓蒙教育都是延師在家教讀，先後所延聘教師有王伯沆（名瀣）、柳翼謀、蕭厔泉（散原精舍詩中所稱蕭稚泉）等。蕭兼爲畫家，曾教過三位姑母學畫。當教師初到時，祖父常和他們約：第一、不打學生，第二、不背書。這和當時一般教師規範大不相同。所以父親和幾位叔叔都是在這種輕鬆活潑比較自由的氣氛中，度過他們的蒙館生涯。」（據陳小從記錄稿）

按：王伯沆、柳翼謀作敎師，當在遷居南京後。在湘時所延師，已不詳。以「敎過三位姑母畫」語觀之，似蕭爲敎師較後。光緒廿七年春，散原老人有《視女嬰入塾戲爲二絕句》詩。

祖父寶箴就河北布政使任未幾，日軍陷我威海衞、劉公島，又「奉命督東征湘軍轉運，駐天津。總督劉坤一歎爲軍興糧臺所僅見。馬關和議成，痛哭曰，無以爲國矣！歷疏陳利害得失，言甚痛。」（《行狀》）

秋八月，祖父寶箴詔授湖南巡撫。

《巡撫先府君行狀》：「府君故官湖南久，習知其利病，嘗語人曰：昔廉頗思用趙人，吾於湘人猶是也。湖南人聞巡撫得府君，亦皆喜。是時湖南旱饑，赤地千里，朝廷以爲憂，趣府君赴任，勿入覲。遂取海道入長沙。」（《散原精舍文集》卷五）

《行狀》又云：「湖南被災州縣二十餘，瀏陽、醴陵、衡山最鉅。府君傳電諸行省大吏，乞互助，府君用是稍得藉手。府君甫視事，嚴販米出境令。米舟逾千艘聚岳州，譁變，遣某總兵持符急遮之，誅其首梗令者。人心大定。」

又按：家屬聞新任命後，當已由湖北返長沙。

光緒二十二年丙申（一八九六） 先生七歲

先生隨父母、祖父母寓長沙巡撫署內。

祖父寶箴極力整頓湖南政治、經濟及文化教育。

《巡撫先府君行狀》：「府君承困敝之後，綱紀放弛，吏益雜進，貪虐窳偷之風相煽，而公私儲藏耗竭，萬事壞廢待理。府君謂：其要者，在董吏治、闢利源；其大者，在變士習、開民智、敕軍政、公官權。於是察劾府縣以下昏墨不職二十餘人而代以幹良者。設礦務局，別其目曰官辦、商辦、官商合辦。又設官錢局、鑄錢局、鑄洋圓局。以朱公昌琳領之，朱公七十餘，以義俠聞四方，老謝客，勉爲府君出。而時務學堂、算學堂、湘報館、南學會、武備學堂、製造公司之屬，以次畢設。當是時，江君標爲學政，徐君仁鑄繼之。黄君遵憲來任鹽法道，署按察使。皆以變法開新治爲己任。」（《文集》卷五）

光緒二十三年丁酉（一八九七） 先生八歲

仍侍父母寓長沙。與兄隆恪弟方恪讀書巡撫署中。正月十一日弟登恪生。

本年十二月十八日，祖母黄太夫人卒於長沙湖南巡撫官廨。

《誥封一品夫人先妣黄夫人行狀》：「夫人姓黄氏，世居義甯州油墈，老儒意彩公女也。……性儉素，禮儀斬斬。自吾父服官至巡撫，夫人終身布衣襦，常至補綴不以易。至急義施乏，無靳色。……二十三年十一月，吾父方爲湖南巡撫，而江西倡議立學堂，固招不孝往，會夫人稍加適，吾父命一行，而夫人遽以十二月十八日卒。享年六十有六。」（《散原精舍文集》卷五）

《義寧陳公墓誌銘》："黄夫人年十八歸公。孝事李太夫人數十年，公自以爲不及。而公廉，實夫人助之。終身布衣襦。吾女言，其嫁時衣，夫人有不識者，故絕不敢服。"（《范伯子文集》卷九）

光緒二十四年戊戌（一八九八）　先生九歲

先生仍隨父母寓長沙。

先生《高僧傳二集》釋道悅傳"不衣蠶衣，唯服麻布"識語云："今無此風，然足徵當時僧徒之衣蠶衣者衆。予昔年於長沙見一僧衣紅綢袈裟，云祝慈禧太后六十壽時（光緒二十年甲午十一月七日。時頤和園甫落成。）所賜者。"（《僧傳二集》卷三十五、頁二十）此雖幼年細事，足見先生後來留意佛典，其來有自。別見有關佛經條下。

本年正月，開辦京師大學堂。

秋，八月，祖父寶箴被罷免湖南巡撫職。

先生乙酉在成都時，撰《讀吳其昌撰梁啓超傳書後》，文云："新會先生居長沙時，余隨宦巡署，時方童稚，懵無知識。……先君因言聘新會至長沙主講時務學堂本末。先是嘉應黄公度丈遵憲力薦南海先生於先祖，請聘其主講時務學堂。先祖以此詢之先君，先君對以曾見新會文，其所論說似勝於其師，不如舍康而聘梁。先祖許之。因聘新會至長沙。新會主講時務學堂不久，多患發熱病，其所評學生文卷，詞意未甚偏激，不過有開議會等說而已。惟隨來助教韓君之評語，頗涉民族革命之意。諸生家屬中有與長沙王益吾祭酒先謙相與往還者。葵園先生見之，因得挾以詆訾新政。韓君因是解職，新會不久亦去長沙。」（《寒柳堂集》）

按：先生此篇文意在敍述聘請梁先生經過及頑紳詆訾新政，故系本年。考任公先生受聘在丁酉十月，其抵長沙任時務學堂總教習，則在丁酉冬。時任公先生年二十五歲。戊戌春則已因病離長沙去上海。飲冰室集中《三十自述》《時務學堂劄記殘卷序》《戊戌政變記》各文中均有述及。在湘時有《上陳中丞書》，旨在勸湖南自立。略見《戊戌政變記》。至戊戌八月政變之際，梁先生方隨康有爲在京，聞變，康逃香港，梁先生逃日本，獲免。隨梁先生之助教爲韓樹園、葉湘南等。

范當世《義甯陳公墓誌銘》：「二十四年上感於主事康有爲之所稱奏，益決意變法，而屢詔嘉公忠。公以上將大有爲，則無往而不須才，遂罄舉平生所知京外官之能者與所屬吏士之可用者三十餘人，備上之採擇。於是京官之在京者獨楊鋭、劉光第，而外官在京者獨候補道惲祖祁，上遂擢祖祁廈門道，而用楊鋭、劉光第、譚嗣同、林旭者爲四章京。公疏言：四章京雖有異才，然臣恐其資望輕而視事易，願得重臣領之。復力薦張公之洞。疏上而皇太后訓政，四章京誅，公坐濫保匪人，廢斥不用。然固不罪公所爲也。而人洶洶目公以康黨。」（《范伯子文集》卷九）

吳宗慈《陳三立傳略》：「二十四年戊戌八月，康梁難作，太后復訓政，於是有殺四章京之事。劉、楊二人乃右銘中丞所薦，罪及舉主，先生父子遂同被革職，永不敍用。先生一生政治抱負遂盡於此。先生既罷官，侍父歸南昌，築室西山下以居。益切憂時愛國之心，往往深夜孤燈，父子相對欷歔，不能自已。」

本年春，先生從姑母嫁州學生黄韻桐者，奔叔母喪來長沙。冬，隨同全家返江西南昌。

《大姊墓碣表》：「自吾母以丁酉臘告終湖南巡撫官廨，明年正月，姊遂於家奔數百里來哭。留數月，吾父得罪免。其冬攜家扶柩浮江絶重湖抵南昌。偕姊行。以余妻及兒婦皆病，姊又留數月。（明年四月）既葬吾母，余得病，幾死。姊又少留至七月始告歸。將歸，大哭連晝夜，别時，偏與家人相嚮哭，而持吾父裾拜哭，尤絶哀不止。取道過吾母墓，又往哭焉。未三月則吾姊以病死矣。姊爲吾伯父樹年公長女。與余同歲生。六歲俱就鄰塾讀，故姊於余絶愛。」（《散原精舍文集》卷六）

是年，父伯嚴四十六歲。

光緒二十五年己亥（一八九九）　先生十歲

先生侍父母、祖父居南昌。

《先世中醫之學》有云：「光緒二十五年己亥，先祖寓南昌。一日諸孫侍側，閒話舊事略言，昔年自京師返義甯鄉居，先曾祖母告之曰：前患咳嗽，適門外有以人參求售者，購服之，即愈。先祖詫曰：吾家素貧，人參貴，售者肯以賤價賣之，此必非眞人參，乃薺苨也。蓋薺苨似人參而能治咳嗽之病，本草所載甚明，特人未嘗注意及之耳。寅恪自是始知有本草之書。」（殘稿）

偶隨父夜訪書肆，購得尚有錢牧齋序文之吳梅村集。(《柳如是別傳》第四章)

又嘗自記云：「予十歲許居南昌時，見一傭婦陳姓者，終日不飲茶水。若有疾，則飲茶，一甌而愈。」(《高僧傳》二集頁五、釋眞觀傳眉識)

光緒二十六年庚子(一九〇〇)　先生十一歲

春，仍寓南昌。正月元夕，母教以姜白石鷓鴣天「柳慳梅小未教知」詞。(見丁亥元夕詩自注)二月，仿宋槧山谷內外集刊成，父伯嚴爲作題辭。(《文集》不載)

四月，父挈家移居江甯。祖父暫留西山崝廬，六月二十六日，右銘公以微疾卒。《巡撫府君行狀》：「二十六年四月，不孝方移家江甯，府君且留崝廬，誡曰：秋必往。是年六月廿六日忽以微疾卒。享年七十。卒前數日，尚爲鶴塚詩二章。前五日，尚寄書不孝，懃懃以兵亂未已，深宮起居爲念。不孝不及侍疾，乃及襲歛，通天之罪，莫之能贖，天乎痛哉！」

四月十八日，兄師曾子封懷生。

是夏，長兄師曾妻范孝嫦卒於江甯，年二十五歲。

范肯堂《陳氏女墓碣銘》：「女之歿，吾夫婦皆居父喪。逾月，其舅亦遭父喪，故雖其夫與其兄弟皆不得極哀，此尤可哀也。女歿江甯，吾及吾婦赴外舅喪桐城，過江甯不忍入而哭。時北方亂，沿江日有警，婦言吾曰：兒不得生還通州，今俾其柩得葬通州乎？且告伯嚴，聞遭父喪而罷。女生前母吳，而成於今母。適陳氏，人皆謂其有母風，然女從母天津，誠學三年耳。十九而嫁，遽不失令名於陳氏，其性質亦優也。」（《范伯子文集》卷九）

本年七月，八國聯軍入北京，西太后那拉氏慈禧挈子載湉（光緒）奔西安。是冬，姚永概有《與陳伯嚴書》論廢科舉、興學校，及其他學術問題。（《慎宜軒文集》卷三）

光緒二十七年辛丑（一九〇一）　先生十二歲

父伯嚴定居金陵後，家塾外，并在家辦學堂，延師教讀。

姪封懷《回憶錄》：「自祖父挈家寄寓金陵，延聘西席外，在家裏又辦了一所學堂。四書五經外還開有數學、英文、音樂繪畫等課程。以及文、體設備。這所學堂除了方便自己家中子弟外，親戚朋友家子弟也附學。（如茅以昇、茅以南兄弟等。）六叔和幾位叔叔都是在這種環境下，打下他們對國學的基礎。

另外，還具備良好的讀書條件：祖父藏書很豐富，六叔在他十幾歲以及後來自日本回國期間，他終日埋頭於浩如煙海的古籍以及佛書等等，無不瀏覽。」（此回憶錄係小從一九八〇年春初去穗時，封懷口述，小從筆錄。）

本年先生長兄衡恪（師曾）二十六歲，春至滬，入法國教會學校。其亡室之兄名罕字彥殊者，先一年已入此校肄業。

《范伯子詩集》有《罕兒入法蘭西學堂，以安息日出，爲余述其間規矩之嚴，甚樂從也。余亦甚慰，戒勉之》詩，見《詩集》卷十三。

范罕《蝸牛舍詩本集》卷一《哭師曾》詩自注：「庚子後余妹已故，師曾就學上海，時余在法國教會讀書，約師曾同學一年。校在南潯路。」又詩有句云：「南潯校宇宏，食息同軒幌。一日君逃學，我戒君以猶。君慚繼以怒，曰胡事擾攘。逝將三山遊，劈海成家兩。」

《陳師曾遺詩》上，首爲《在法蘭西學堂次彥矧贈保少浦韻詒彥殊》詩。彥矧者，范罕弟况。

光緒二十八年壬寅（一九〇二）　先生十三歲

春，隨兄師曾至滬，東渡日本留學。時家仍寓江甯。

《師曾遺詩》《日本遊》有句云：「生平海波未寓目，乍疑一片水蒼玉。」

《乙酉冬臥病英倫醫院》詩敍云：「憶壬寅春，隨先兄師曾等東遊日本，遇教士李提摩太於上海，教士作華語曰：君等世家子弟，能東遊，甚善。故詩中及之，非敢以烏衣自况也。」

《散原精舍詩》卷上有《衡兒就滬學須過其外舅肯堂通州》詩。

夏，父伯嚴自江甯返南昌謁墓。

《散原精舍詩》卷上：《壬寅長至抵崝廬謁墓》詩第六絶：「大孫羈東溟。諸孫解西史。三齡稚曾孫，伊嗄學兄語。」又一首云：「國家許大事，長跽難具陳。端傷幽獨懷，千山與嶙峋。」

冬，嫁席寶田子稟生曜衡之姑母歿。

《散原精舍詩》卷上、癸卯《除夕》詩有句云：「妹化蒼梧野。兒隔富士峯。」又，本年《和肯堂雪夜之作》詩自注：「由南昌返金陵，便得席氏女弟凶問。」

冬，先生與兄師曾均在日本。除夕，兄師曾有《壬寅除夕，與張棣生、江翊雲、黎伯、顏仲蘇諸君飲集三王山，賦此誌感》詩，有句云：「今年日本逢除夕。小山峨峨據一席。圍爐劇飲十一人，各數年華溯疇昔。」

本年正月吳汝綸任京師大學堂總教習。夏，中國與俄訂有關東三省條約。九月，張之洞由督辦通商大臣調任兩江總督。是年金陵大水。（見《散原詩・甲辰詩》自注）

光緒二十九年癸卯（一九〇三）　先生十四歲

仍與兄師曾在日本。

父伯嚴仍居江甯。有《二月三日顧石公招飲龍蟠里》詩，又有《近閱邸鈔易順鼎授右江兵備道馮煦授四川按察使沈曾植授廣信知府皆平生雅故而當世之文人也詩以紀之》詩，有「中原正苦輸孤注，儒術由來漸四夷」之句。

本年范肯堂時來江甯，間與伯嚴先生倡和，多身世之感。

光緒三十年甲辰（一九〇四）　先生十五歲

本年夏，先生假期返南京。回國後，與兄隆恪（字彥和）同考取官費留日。冬初，與兄隆恪去日本。時隆恪十七歲。初入慶應大學，後轉東京帝大財商系。（據小從所記）

「我十五歲，考取官費留學日本。」（一九六八年交代稿）

《散原精舍詩》卷上，甲辰《十月二十七日江南派送日本留學生百二十人登海舶，隆寅兩兒附焉，遂至吳淞而別。其時派送泰西留學生四十人，亦聯舟並發，悵然有作》詩，其二云：「游隊分明雜兩兒，扶桑初日照臨之。送行余亦自匡返，海水澆胸吐與誰。」

本年日俄戰爭起，日佔我旅順、大連、營口、牛莊等地。

冬十二月，南通范當世卒於滬。姚永概爲作《范肯堂墓誌銘》，見《愼宜軒文集》卷六。

光緒三十一年乙巳（一九〇五）　先生十六歲

在日本。

正月父伯嚴至南通，會葬范肯堂。有《集通州師範學堂示季直並貽王旭莊州牧》詩。秋，返南昌，有《送子培解南昌守印綬隨使海外》詩。繼至武昌，有《九日從抱冰宮保至洪山保通寺餞送梁節厂兵備》詩，有「嘯歌亭館登臨地，今日都成隔世尋」之句。冬至滬，遇陳弢庵，有《賦呈弢庵閣學師》詩。弢庵名寶琛，散原鄉試座師。有《次韻答和伯嚴》詩云：「瞥眼重重結海樓，別來二十四經秋。

天公從古憎雙鳥。大廈無人問萬牛。文酒寫憂艱一聚。江山橫涕仗誰收。豐頤瘦損殊非故，不怪新霜也上頭。」（《滄趣樓詩》卷三） 繼再返南昌𡸣廬。《除夕訊(魏)季詞》詩有「嗟我溷鄉役，父老所羈縶」句，是兩度到南昌，皆有所事。又《除夕》詩有句云：「羣兒歸挂扶桑袂，嬌女憨摹饋歲詩。」疑本年寒假先生與兄衡恪、隆恪俱返南京。

先生患脚氣病，須易地療養，遂回國，在家休養年餘。（一九六七年第七次交代稿）

光緒三十二年丙午（一九〇六） 先生十七歲

因病在家療養。兄衡恪隆恪仍在日本。

春，父伯嚴家居。四月，返南昌上塚，寓𡸣廬。《樓坐作》詩有「自營如縛蠶，遭迫如驅雞。歲月積汶汶，焉得肆攀躋」之語。未幾離贛。由武昌乘汽車至保定。（事見《寒柳堂記夢未定稿》殘文中「戊戌政變與先祖先君之關係」章）有《四月下旬至保定越閏月二日(毛)實君布政使讌集蓮花池作》詩，句云：「繞屋念先澤，涕隕霑襟裾。」自注：「先君官布政使時，去今十二年矣。」繼循原途回漢口，登江舟還金陵。秋再至武昌。又以事至九江。

吳宗慈《陳三立傳略》：「三十三年丁未，與省紳李有棻等創辦南潯鐵路。嗣先生繼李主路事。未久，格人事，廢罷。自恨無獻替，則施其薪於金陵刻經處，其任事負責有若此者。」按：辦鐵路事當在本年。本年有《九江鐵路局樓遣興》詩云：「博望貪鑿空，長房專縮地。幻想託鬼工，紛營極鬼碎。魚貫操技人，策事瞠莫對。書生指畫肚，赧未習其事。」又，去年有《漢上旅館坐雨時方訂南潯鐵道債券事》詩，是光緒三十一年已在開始籌辦。

冬末還家。有《臘月二十五日由九江還金陵寓園》詩。句云：「殘歲一身歸，入門叱婦子。瑣碎說蹤跡，篋笥爭料理。」又有「上有蜩沸囂，下有魚爛死」之感慨。本年父伯嚴五十四歲。

本年陳石遺有《讀漁洋詩話有懷伯嚴》詩云：「酷憶西江陳伯璣。栖栖清瘦不勝衣。爭傳格律凌坡谷。誰識門庭本柳韋。隔歲懷人尊酒冷。經秋爲客尺書稀。十年不見秦淮水。木落白門空雁飛。」(《石遺室詩集》卷四)

光緒三十三年丁未(一九〇七)　先生十八歲

先生插班考入上海復旦公學，似在本年春。(復旦創辦於光緒三十一年)暑假還南京。兄衡恪、隆恪亦自日本歸。

第七次交代底稿：「插班考入上海吳淞復旦公學(高中程度)。」

按：復旦公學創辦於閩人李登輝。初辦時以吳淞提督署爲校舍。辛亥革命後原校舍爲軍人所佔，始自建校舍於江灣。見夏敬觀《李登輝先生傳》。

《散原精舍詩》卷下、丁未《七月十三日於後園聚家人用泰西攝影法摹小像》詩句云：「孺人愛景光，理鬢步園井。駕海收羣兒，新婦亦來併。層累列笄髦，翼石唾樹癭。蕉露槐風間，簪佩色深靜。嬌雛小垂手，笑探空明鏡。依依雞犬前，錄此團欒影。莊狎各有態，綢繆意自領。歲時望八荒，羈迹飄蓬梗。世棄完骨肉，娛我在俄頃。儘比桃源圖，聚族誇奇景。」自注：「時大男次男留學日本，第三男留學吳淞，皆以暑假歸。期滿將別。」

本年，長兄衡恪（師曾）三十二歲，妻范孝嫦逝世已閱六年。其續娶汪春綺，當在光緒三十一年後至本年夏以前一段時期內。

按：上引詩有「新婦亦來併」語，所謂「新婦」，疑指師曾先生新娶之汪春綺。《師曾遺詩》卷上有《感懷》詩，下題云：「將就婚漢陽，感念前室，愴然於懷。」又《別婦》題下記云：「別漢陽將之日本。」是此次就婚漢陽，尚在留日期間。汪爲汪東之女兄。江蘇吳縣人。父名鳳瀛，字荃台。（此顧起潛先生惠告。并承惠太炎文續錄中汪荃台墓志照片）汪於光緒末入湖廣總督張之洞幕府。張於光緒三十年兼署湖北巡撫，汪之「以知府累署漢陽武昌事」當在光緒三十一年之後。故余有上述之估計。（汪任職在光緒末，不見光緒刊《湖北通志》）

汪東旭初《寄庵隨筆》：「師曾初娶南通范肯堂先生女，繼室則余女兄春綺。春綺工繡。既歸師曾，甚相得。姊初不甚工詞翰，迨與師曾倡和，猛進不已。」

是秋，父伯嚴病瘧，見《恪士招飲淮舫作》詩。又有《和恪士登樓感懷之作》詩，有「毀車殺馬都陳迹，千尺溪流照影哀」之句。（俞明震字恪士，號觚菴。先生母俞淑人長兄。時居南京，所居曰俞園，植梅甚多。）

光緒三十四年戊申(一九〇八)　先生十九歲

讀書上海吳淞復旦公學。

兄衡恪、隆恪仍留學日本。本年,汪東旭初亦在日本。《陳師曾遺詩》卷上,《與汪旭初范彥殊兄弟大森觀梅夜宿晨光閣》有句云「四子疏狂不相讓,枕藉孤懷倒醽醁。縱談可使百慮遣。冷眼何妨清夢熟。」又有句云:「而我五載得四至,今復歎賞久躑躅。」按:此遊在春寒時,據「五載四至」句意,似此詩作於去年春。

汪東旭初《寄庵隨筆》:「范氏兄弟彥殊、彥矧,皆能文,有節概。清末亦遊學江戶,余由師曾介識之。飲酒談藝,頗極一時之樂。」

宣統元年己酉(一九〇九)　先生二十歲

復旦公學畢業。本年寒暑假當回南京省親。

父伯嚴仍寓南京。有正月《十三日攜家集淮舫》七古詩云:「屋角嬾雲騎不行,力曳雨絲風掀晴。婦孺準備覽物趣,競投溪舫飛鵾聲。」又云:「偷同鳧鷺逞一快,仄篷欹兀寒陽傾。回就孺人博一笑,終日但對簫車鳴。」(《散原精舍詩續集》卷上)

秋,先生經由上海赴德。父伯嚴亦至滬。有《抵上海別兒游學柏靈》詩,句云:「海七萬里波千層,孤游有如打包僧。惘惘遺兒歇浦上，探驪畫虎吁難憑。分剖九流極怪變，參法奚異上下乘。後生根器養蟄伏，時至儻作摩霄鷹。雲昏雨暗一舸杳，側足佇望魂軒騰。」（《散原精舍詩續集》卷上）是年南京地震。

第七次交代稿：「由親友資助赴德，考入柏林大學。」

本年春，兄衡恪仍在日本。

《陳師曾遺詩》上，有郵《呈外舅》詩，句云：「刻意覶人偏愛婿。苦言久宦欲歸農。」汪荃台自官武昌後，又曾爲湖南常德知府，「最後知長沙府，値歲饑民羣起略米，降級留任。」（墓誌）此當爲汪官長沙時所寄。故詩又有「莫復憂天天不管，郵詩聊爲問年豐」之句。又按：此詩前《元日微雪》詩有「鄰巷雕盤新薦歲，深寒尋夢未能歸」之語，則此詩爲本年初春接汪函後所郵寄之作。（汪荃台官長沙事，見《太炎文錄續編》卷五《前總統府高等顧問汪君墓誌銘》）

《陳師曾遺詩》上，《讀大人擕家集淮舫詩感賦》句云：「幽居靄暮春，懷歸念彌切。昏夜夢到家，白日腸百結。」又云：「昨者弟書至，函中父詩出。全家健游衍，江南佳氣節。嗟我滯東海，定省久隔絕。麤澀片幅紙，捧讀若造膝。」又云：「妻孥置天外，弟妹渺難集。」又有《喫爊肉》詩，句云：「雕盤出爊肉，云是吾母寄。鄭重餉鄰友，貪饕宴昆弟。霑唇飫親慈。舉箸誇國粹。」

本年春，兄師曾在日本有《酬六弟》詩。六弟，即寅恪先生。行六，因以六弟稱。是時已有赴德意，故詩語及之。

「春風久低昂，遊子長太息。臥病苕溪上，寂寞送白日。櫻花如雲紅入天，不道今年似去年。交柯細蕊垂檐向，舞燕啼鶯鎮可憐。有弟西浮萬里船，氈裘坎壈心凄然。何不乘槎到日邊，苦憶青山二頃田。鼃鳴隴畝生荒煙。君不見巢由高潔飛廉笑，首陽薇蕨不足飽。孔丘盜跖同一科，亘古椒蘭自枯槁。刺繡何如倚市門，聯鑣結駟傲王孫。范雎范澤立談取卿相，相如子雲徒以空文存。倪子東海頭，蹉跎九載何所求。致君堯舜吾豈敢，更無筆舌動王侯。男兒出門殊瑟縮，短褐癡吟足不蠖。掉臂乘風歸去來，攫取黃金買明月。」（《陳師曾遺詩》卷上）

夏，兄衡恪由日本歸國。兄隆恪仍留日本。（據小從記）

《長男衡恪狀》：「走日本留學，卒業於師範高等學校。」（《散原精舍文集》卷十三）

按：師曾先生在日本，至是已先後八年。在日本所學不盡詳。（女弟子江南蘋云：「習師範博物。」語不可解，當係在師範高等學校，學博物科。）

秋，兄師曾回江西南昌，至西山下謁祖父墓。《靖廬晚眺》詩有句云：「滄海擔簦客。荒山拜墓人。凝花霜作淚。倚石夢爲身。」又有《至前妻范氏墓所》詩，有「封茲一坏大，遲我十年看。人事祇如此，悲懷耿未殫」之句。

宣統二年庚戌（一九一〇）　先生二十一歲

讀書德國柏林大學。

秋，有《庚戌柏林重九作時聞日本合併朝鮮》詩，結句云：「興亡今古鬱孤懷。一放悲歌仰天吼。」

兄師曾至南通師範任教，當在本年。有《同彥彬遊通州城南諸山》詩，起句云「郊原風暖試行滕。」《長男衡恪狀》：「還國，南通州、長沙先後延課學徒。」（《散原精舍文集》卷十三）按：至長沙之時間及學校名稱均不詳。

范罕《蝸牛舍詩本集》《哭師曾》詩第五首有句云：「斯人有教澤，積譽驚兒童。時當鼎革初，好惡誰爲公。微詞落君耳，浩往如飛鴻。」詩自注云：「師曾歸國後，吾鄉張嗇翁邀其教授師範。居城東一村墅，曰通明宮，予先祖十山公隱居處，後歸張氏。」按：張氏指張謇。據詩句知師曾先生入民國後始離南通。在南通任教時與妻汪春綺偕。見後。

宣統三年辛亥（一九一一）　先生二十二歲

在德國柏林大學。

春，遊挪威，有詩紀之。

《遊挪威詩》序：「宣統三年春，余旅居柏林，脚氣舊病復作，於是轉地療養，北遊挪威二旬而愈。遊跡所至，頗有題詠。」

秋，至瑞士。入瑞士蘇黎世大學。（檔案稿）

冬，有《大雪後乘火車登瑞士恩加丁山頂》詩。

本年春，先生父伯嚴回南昌掃墓。《清明後二日還西山展墓宿下關》詩，有「樓頭紘索高，歌喉搖我悲。樗蒲擁醉人，汝挾不貲軀。城中昨掠米，連輩苦啼饑」之嘅歎。又有《長至後七日抵西山謁墓》詩，自註云：「大男衡恪長至日抵墓所。」

秋九月，父伯嚴避兵亂挈家還滬。

壬子年詩自注：「余嘗新宅金陵青溪旁，居數月而亂作。」《清道人遺集序》：「辛亥革命之難興，亂軍四逼，僚吏率散走，總督乃索得道人攝居布政使，助城守。道人亦憤慨自矯持，木印塡撫。（銀印失去）倚一老胥治文書。城陷，誓死拒擁者，堅不屈。終爲薦紳父老挾持，遂辟居滬上。」（《散原精舍文集》卷十四）又《集滬上酒樓》詩自注：「李梅庵易道士冠服，自金陵兵間至。」據此，全家當在南京未被圍前倉皇逃至滬。

父伯嚴居滬後，《酬（沈）濤園詩》有「羣雛有命誰能恤」之句。自注云：「兩家子弟皆留學歐洲，不獲歸，君詩及之。」

按：沈濤園名瑜慶，字愛蒼，號濤園。曾官江西巡撫沈葆楨子。有《濤園詩集》，民國九年外孫李拔可爲印行。子崑三，留英。此承錢默存先生見告。

民國元年壬子（一九一二）　先生二十三歲

春，自瑞士暫時歸國。居上海。得友人胡梓方朝樑自北京寄書並詩。有詩答之。

乙卯夏，散原老人有《寄胡梓方京師》詩。

按：胡梓方爲散原老人所識拔之鄉後進，從受業學詩。時胡在京「學水師行陣之學」。見民國二年癸丑林紓《胡梓方詩廬記》。（《畏廬續集》）

案：先生在國外短期回國，多因資用不給，爲籌措用費暫歸。

先生在家，與姪封懷同住一室，暇則偕同出遊。

姪封懷《回憶錄》：「最初和六叔接近，是在我十三四歲的時候，那時我家由南京遷往上海，我和他同住一個房間。當時他正由歐洲回國，由於他不善講上海話，所以每當他想出去，或者辦什麽事，總要拉我同去，讓我給他當導游兼翻譯。」（此亦封懷口述，小從筆錄。）

弟方恪隨家寓上海，時年二十二歲。（據小從所記。方恪因何未出國，不詳。）

方恪長於詞。上海出版之《詞學季刊》七期載夏敬觀《忍古樓詞話》，中錄方恪《題王伯沆孤雁圖》詞云：「西風漸緊，對斜天杳靄，雲意低暝。倦羽催歸，迢遞煙程，淒涼與秋景。寒山占斷相思路，盼不到書顛斜整。悵玉樓縹緲香深，合是酒消人醒。還憶長門暗影，怨啼似訴語，封淚鴛枕。渭水波聲，幾點清暉，換了唐宮金鏡。蒼茫別下汀洲去，任瑟瑟秋風淘盡。更那知夢穩霜葭，自有寒心難省。」（僅見此一詞，姑錄之）

先生本年內何時再出國，未詳。

本年夏，兄隆恪畢業於日本東京帝大財商系，歸國。女小從云：「父回國後一直在財經界工作。母喻徽，江西萍鄉喻兆藩（與祖父同年成進士）第三女。少在家敎讀，居常手不釋卷。」

本年全家仍居滬。弟登恪十六歲。（按：不識何年考入北京大學。）

秋，九月二十一日，父伯嚴六十歲生日，有《六十生日書二十八字》詩云：「前識來因馬耳風。訴哀雞壁一秋蟲。敎鐫肺腑藏奇字。已作尊前六十翁。」冬，有「吳芝英夫人囑題所藏四女士畫軸」詩，凡《董小宛孤山感逝圖》、《馬湘蘭翠袖佳人圖》、《方婉儀秦樓惜别圖》、《黄媛介流虹橋遺事圖》。

民國二年癸丑（一九一三）　先生二十四歲

春，在巴黎。讀書巴黎大學。有《法京舊有選花魁之俗，余來巴黎，適逢其事。偶覽國內報紙，忽覩大總統爲終身職之議，戲作》詩。

冬，在倫敦。有《癸丑冬，倫敦繪畫展覽會中偶見我國新嫁娘鳳冠感賦》詩。二詩均見《詩存》。

本年，家仍居滬。春暮，父散原偕家人暫返南京。

《由滬還金陵散原别墅雜詩》：「入門成生還。躊躇顧室廬。凝塵掃猶積。陰蘚侵階除。」又云：「因嗟鬨變始，所掠半爲墟。長旗亘刃前，守者對欷歔。」又云：「夙戀山水區，辛勤營此屋。移居席未暖，烽燧已在目。提攜臥疾雛，指星庇海區。棲息屢改火，奮身省新築。」又云：「墳墓闕展掃，阻亂踰兩歲。鄉人復內訌，騁望魂九逝。别墅設栗主，昭穆位相次。清明薦時物，爰挈婦子至。跪起循舊典，奠醱寄遐思。」（《散原精舍詩續集》卷上）

留十日，旋又返滬。五月，遊焦山。有《癸丑五月十三日至焦山，同游爲陳仁先、黄同武、胡瘦唐、俞恪士壽丞兄弟，越二日王伯沆亦自金陵來會。凡三宿而去》詩，注有云：「鎮江駐旅將校，多往時恪士主南京陸師學堂肄業生。」冬，再度孤身返金陵舊居。

《留別散原別墅雜詩》云：「亂定我復歸。江郭存嶄崱。兵子雜丐兒，游市疾梭織。」又云：「萬室洗蕩盡，誰問死與生。官兵不如賊，道州矢精誠。」又云：「牆角彈所穿，塗墍不待築。何堪數歲時，荒城迸悲哭。我生遊羿彀，去住一老禿。稍懸頑鈍姿，入詠萬蠻觸。循廊吹野馬，駐步西頭屋。宛接呻吟地，藥氣圍殘燭。」自注云：「辛丑九月亂作，二女方得危病。」（《散原精舍詩續集》卷中）

留數日仍返滬。

本年冬，長兄師曾妻汪春綺病卒於北京。

汪東《寄庵隨筆》：「民國二年癸丑秋末，余迎姊同赴北京，侍先君楊宜賓胡同，即伯兄衰甫（汪榮寶字）寓處也。師曾方任職教育部，亦來就甥館。是年冬，姊發斑疹，西醫注以麻醉劑，遽卒。」（按：據汪氏所記，似師曾先生本年始至教育部任編輯職。）

《悼亡》詩云：「問爾魂歸何有鄉。殘年孑影感臨觴。事同飲鴆銷膏盡。夢付馳駒積恨長。篋有殘煤纏粉淚。壁留遺挂掩虚堂。素衣化緇誠何意，獨對京塵苦月黄。」（《陳師曾遺詩》上）

春綺亦能畫。姚華《師曾繼室汪夫人墨梅花遺墨何秋江爲婦乞詩》詩云：「萊婦鴻妻已誌銘。麝煤鼠尾厭丹青。隴頭千樹開成墓。紙上一枝喚欲靈。鐵笛倚聲歌白石。金泥合印搨黃庭。君家猶有揚州筆，傳與閨房作典型。」自注：「師曾舊題一詞，下撅春綺衡恪二印，是夫婦合璧也。秋江丹徒人，婦爲汪夫人姪，均能畫。」（《弗堂類稿》詩丁）

師曾在教育部任編輯職外，師大及美專聘任教授。（據江南蘋語）

民國三年甲寅（一九一四）　先生二十五歲

本年仍在法國巴黎大學。秋，「江西省教育司（相當於後來教育廳）副司長符九銘電召回江西南昌，閱留德學生考卷。並許補江西省留學官費。」（第七次交代底稿）

按：閱試卷應有期限，除閱試卷時外，可能回上海家中侍父母。惜《散原詩續集》中無敍及者。（本年八月歐洲大戰起。先生回國蓋在戰事發生之際。）

兄師曾仍在北京任教育部編纂。有《春綺卒後百日，往哭殯所》五古三首。詩句有云：「我居西城闉，君殯東郭門。」又云：「故人九原土，新人三寸棺。相繼前後水，一往不復還。我何當此戚，淚眼送奔瀾。生時入我門，綠髮承珠冠。死別卽塵路，靈輀載鳴鑾。忽忽十年事，眞作百年看。」（《師曾遺詩》上）

按：本年師曾先生三十九歲。於妻汪春綺之卒，《悼亡》外復有此五古三首，繼復有《春綺卒期年哭之以詩》及《哭奠春綺殯宮》兩七律。亦如范孝嫦卒後，「以菊華遺影徵題」，及《病菊》《嗟菊》

之作。(見《范伯子詩集》所述，詩均不存。存者僅《至前妻范氏墓所》一詩。)師曾與范、汪均情好甚篤。春綺竟以斑疹病誤於庸醫致死。又按：上引詩有「忽忽十年事」語，則其結婚當在光緒三十一、二年間。

范罕自日本歸國，當在本年夏。

按：師曾有《留別范大》詩，足見其回國時范况並不在日本東京。

本年，先生父母仍寓滬。有《甲寅元旦樓望》及《開歲五日重游哈同園看梅》、《人日率家人飲張氏女甥宅》詩。又有《觚庵園紅梅盛開戲占》詩云：「哈同園裏百株梅，初伴孺人踏嫩苔。歸對雙鬟照溪雨，含顰應待抱琴來。」自注：「往歲茲園賞花，孺人嘗倚樓鼓琴數操。」三月，回南昌西山上塚，回滬後有《過康更生辛園寓廬》詩，句云：「重逢歷十九年餘。篋賸叢殘百國書。」七月，再度還金陵散原別墅，留月餘返滬。有《九月廿六日南翔鎮猗園看菊》詩，注云：「猗園爲明李長蘅所居園。」《除夕》詩云：「歘逢四除夕，掌故海樓殘。」又云：「歲時變益劇，虎兕互蹂踐。」(《散原精舍詩續集》卷中)

民國四年乙卯(一九一五)　先生二十六歲

本年春，先生曾至京。

流求錄「吳宓自編年譜」記早年留美時事，中述吳在美未識先生前，俞大維向吳述說先生經歷，有「民國三、四年，在北京爲經界局局長蔡鍔秘書」語。按《蔡松坡先生集》所載蔡《年譜》，「民國四年，三十四歲。正月成立全國經界局籌備處。遴派專員，設所編輯，分譯東西圖籍，詳溯中國經界源流。」本年十一月蔡鍔卽逃離京。先生如有任「蔡鍔秘書」事，當在本年春以後。爲時當甚短。

兄師曾仍在北京。本年春，麥孟華卒於滬。有「輓麥孺博」詩。（麥，康有爲弟子）又有《後山逝日設祭於法源寺余因事未與》詩。按：陳後山卒宋建中靖國元年十二月，年僅四十九歲。本年秋，師曾遷居槐堂。有《張棣生於其所居之東葺堂一椽以居我，堂前有槐一株，因名之曰槐堂》詩。

春，散原翁仍寓滬。有《乙卯花朝逸社第二集》詩。繼溯江至九江，轉南潯路乘火車至南昌。有《清明日祭墓》詩。在江西時詩篇頗多，不見與寅恪先生偕同情迹。

夏，父散原挈家自滬還居金陵別墅。是夏大旱，有蝗禍，繼又暴風霪雨成災，有《喜雨》《苦雨》詩，自注：「敝廬穿漏，雨過坐臥處皆霑濕。」又《牆根》詩自注：「辛亥秋避亂滬上，今始還，歷五年矣。」（《散原精舍詩續集》卷下）

母俞淑人尚留滬。先生當亦侍母在滬並就醫。疑本年歲杪始侍母返南京。

散原翁《雪夜憶內客上海》詩：「悃悃圍書坐。遲遲壓雪眠。魂驚鴉啄屋。聲隔雁橫天。有弟應藏器。攜兒好放船。更游新世界，留待話燈前。」自注：「上海茗樓名新世界，爲登高游憩之所。」（《續集》卷下）

本年兄隆恪二十八歲。十月初二日至江西萍鄉，入贅喻兆藩家。喻爲散原老人同年，時家居。

本年秋，先生爲江西教育司閱留德學生考卷。「連閱考卷三年。其間曾病痢疾甚重，因當時缺乏醫藥幾死。更因看卷時間久，又患神經衰弱失眠並腸胃不消化等病。回家休養，同時自脩。」（第七次交代底稿）

民國五年丙辰（一九一六）　先生二十七歲

春末，父散原爲嫁女至滬。先生當亦侍父母同至滬。

《散原精舍詩續集》卷下有《爲嫁女客滬上兩月四月二十四日移還白下別墅節庵止庵乙庵諸公咸題扇贈別依次答寄凡三首》詩，其《答乙庵》詩云：「作鄰六十日，縱語五千年。興盡掉頭去。鍾音江海傳。霸圖延老味。兵氣壓佳眠。自度風輪上，猶堪十種仙。」（按：此當是嫁長女康晦。壻張宗義。又按，節庵，番禺梁鼎芬。止庵，善化瞿鴻機。乙庵，嘉興沈曾植。）

本年兄師曾在北京。有《丙辰上巳灞河修禊是日爲詩社第一集賦呈同遊諸公》詩，又有《作畫遺林宰平》詩，敍云：「作畫時宰平爲予牽紙，驟然落筆，大爲驚愕，既成，乃知爲石也。座客旁觀亦頗稱快。」詩宜參。

按林宰平《北雲集》，其畫爲佛坐層巒之下像。

本年秋，先生至長沙。兄隆恪有《長沙將見六弟於舊撫署》詩。（小從云當是丙辰冬去萍鄉接母親過長沙時所作）

按：本年陽曆八月三日總統黎元洪特任譚延闓爲湖南省長兼督軍。譚翰林院出身。散原老人舊識。（譚組菴詩稿中有「陳伯嚴許」）先生之至湘，不詳何事。（明年冬湖南有戰事，長沙政權亦迭更。）

《長沙將見六弟於舊撫署計侍先祖去此二十年矣撫念今昔愴然感賦》詩云：「風雲開濟幾人存。萬古靈標照棘門。落眼樓臺溫夢寐。攀天雙桂拾秋痕。（自注：東西內院各植桂樹一株，大可合抱，童時常與諸弟嬉遊其下。）廿年興廢供彈指。往事迷離共斷魂。改服康屯知繼起，西山葱鬱護朝暾。」（鈔本《同照閣詩鈔》）

民國六年丁巳（一九一七）　先生二十八歲

正月初二日，南京地震。先生當仍侍父母居南京。

三月，兄隆恪自江西攜婦喻婉芬歸金陵。外舅喻庶三同行。有詩。（庶三名兆藩。《海藏樓詩》卷九有《喻兆藩出示高宗純皇帝書畫小冊敬題》詩，有「何時落人間，詞臣珍秘奇」之句。）

秋，再至長沙。見贈瞿兌之詩自注。

本年七月廿七日兄隆恪有《懷六弟不至》詩，有句云：「道山列軸虛前席。碧海乘槎畏後生。」自注云：「京師圖書館方聘弟主席，不就。將赴美國。」

本年姪封懷讀書南京金陵大學農學院（後轉學東南大學農學院），先生以所讀原版《莎士比亞集》

贈之。

姪封懷《回憶錄》:「第二次和六叔在一起是在南京。他剛從湖南長沙回來。那時,我正在金陵大學農學院就讀,他送了我一册原文本的《莎士比亞集》,據説是他以前在英國讀過的。裏面每個劇本後面都寫有他的評語,(是用文言文寫的。)在那時,我們叔姪二人經常談論歐洲各國的歷史及文學等。他在歐洲,特别是對英、德、法語言文字學術,有了深入的理解。他在這三個國家得了三個學士學位。」

八月,與弟登恪侍父游燕子磯,長兄師曾子封懷從游。時父散原老人已六十五歲。有七古長詩紀遊。

《八月二十一日攜兒子寅恪登恪孫封懷買舟游燕子磯,遂尋十二洞歷其半,至三台洞而還》詩首節云:「閉置不樂摩華顛,雜影江滸晴呼船。從游年少蹲篷底。貪看拍岸驚濤旋。千峯散翠日氣午,鼓角十里高風傳。迎人伏燕勢欲起,走循爪距登其巔。覆碑一亭臥兵子,荒荒草木山依然。往歲支笻伴國老,霜髯領客疑飛仙。」自注:「甲辰夏從張文襄游此,回首十四年矣。」

本年陽曆七月張勳入京,擁溥儀復辟。黎元洪避居日本使館。各省擁護共和,紛紛出兵討張。

民國七年戊午(一九一八)　先生二十九歲

春夏間當仍侍父母居南京。父散原老人有《上巳後二日攜家至鍾山天保城下觀農會造林場》詩。繼又有《攜家尋靈谷，石徑格車不得進，步行里許遂憩觀音寺瞻方石屏而還》詩，有句云：「巒續靈谷遊，晴雲一翹首。婦孺躍相隨，車塵蔽前後。」（《詩續集》卷下）

三月，與兄隆恪弟登恪姪封懷（時年十九歲）同遊牛首山。繼又與兄隆恪弟登恪同遊胡園。又同泛舟青溪。兄隆恪均有詩紀之。《放舟青溪》詩有句云：「掠翠扁舟輕着力，挼藍新漲澹忘憂。」（見《同照閣詩鈔》）

立秋日，父臥病，弟方恪自京回寧省視。（按：方恪在京何處任職不詳。方恪擅詞已見前。又長於目錄學。）

《方兒省疾別入都》：「終昂羸骨鑑蒼穹。夢抱鍾山一秃翁。去接阿兄阿弟語，扶衰孟粥有新功。」

《俞觚庵詩集序》：「戊午夏及秋之交，余病血下泄，觚庵亦臥病滬瀆，皆幾死。」

又《恪士病愈自滬至》句云：「相見都爲復活人。亭亭皮骨雜埃塵。」

冬，十一月，先生經由上海赴美。兄隆恪有《十一月二十六日六弟將自滬之美國晨起寄懷》詩。第七次交代稿：「一九一八年冬，由上海啓程本擬重赴德國，因第一次歐戰尚未完全結束，遂先赴美國。」

《寄懷》詩云：「夜夢趣還家，明發魂不守。邂逅終無常。繾綣復何有。推窗凍雪凝。結念寒光剖。慨想浮槎人，三釜承歡久。」（《同照閣詩鈔》）

冬，十二月，先生舅父俞恪士明震卒於杭州西湖寓宅。散原翁有五古《哭恪士三首》其二有句云：「通籍背怙恃。三釜痛靡及。門户存二難。護妹宛倚膝。藹然孝友懷。彌綸宦成日。我索形骸外。異同忘道術。」（《散原精舍詩續集》下）

先生舅父恪士逝世後，母有《過大兄園林感賦》詩云：「前歲梅開約舉樽。來探猶憶笑迎門。而今悽絕音容渺。惟有空房杖榻存。舊事萬端隨日逝。新愁千叠向誰論。忍寒花下通宵坐。欲待魂歸落月昏。」（此神雪館詩之僅存者。小從鈔寄。此詩不知年，姑附此。）

本年兄師曾前妻兄范罕至京，任農部秘書。

民國八年己未（一九一九）　先生三十歲

至美，入哈佛大學。

第七次交代底稿：「一九一九年到美，入哈佛大學學梵文希臘文等。（當時與姜立夫先生同在哈佛同學，姜學數學）大約三年。」

先生在美，識涇陽吴雨僧宓，有《〈紅樓夢新談〉題辭》七律一首。又有《遊威爾士雷即贈汪君典存》詩。二詩不見師母手寫目錄，錄如下。

《〈紅樓夢新談〉題辭》：「本是閻浮夢裏身。夢中談夢倍酸辛。青天碧海能留命。赤縣黄車更有人。虞初號黄車使者 世外文章歸自媚。燈前啼笑已成塵。春宵絮語知何意。付與勞生一愴神。」

按《紅樓夢新談》係宓民國八年春在哈佛大學中國學生會演說。其稿登《民心週刊》十七、十八期。　吳宓註

《遊威爾士雷卽贈汪君典存 懋祖江蘇吳縣》：「五月清陰似晚春。叢蘆高柳易曛晨。少迴詞客哀時意。來對神仙寫韻人。赤縣雲遮非往日。綠窗花好是閒身。頻年心事秋星識。幾照湖山換笑顰。」(二詩錄自《吳宓詩集》卷四、頁三)

按：明年吳有《春日遊威爾士雷女校步去歲陳寅恪贈汪君典存原韻》詩，載吳詩集卷四。

吳宓自編年譜：「一九一九年一月底二月初，陳寅恪君來到美國。先寓康橋區之Mt. Auburn街，由俞大維君介見。以後宓恆往訪，聆其談述，則寅恪不但學問淵博，且深悉中西政治、社會之內幕，……述說至爲詳切。」(流求鈔稿)

按：俞園卽俞恪士南京故居。

父散原有《正月十七日探梅俞園感逝成詠》詩。

是春又有《乙庵七十生日寄祝茲篇》詩，有「其學淼漭迷津涯，包纏流略演孔姬。寶書斷爛堆案窺，棄乘洞籙究密微。旁溢文字酣歌詩。光怪震發莊嚴持。夏般敦卣周尊彝。背誃口哆熠且推。賓從過者雜夏夷。絡繹問難決然疑。芒乎據梧杜德機，亦騁詼詭相諧嬉」之句。又《讀鄭盦六十感憤詩戲和》有：「乙庵登七十，蘇盦亦六十。海濱成二老，觴辰差旬日。……傳觀助張目。余年六十七」之句。

本年弟登恪二十三歲。畢業於北大文科，畢業後回南京省親。旋卽赴法國留學。適羅癭公來遊

金陵，相偕泛舟青溪。癭公《月下同劍丞彥通泛舟青溪》詩有句云：「相攜晚就坡翁飯。難得斜川正北歸。」（《癭庵詩集》列此詩己未按：羅癭公以「彥通」爲登恪字。小從云：彥通乃七叔方恪字，登恪乃八叔也。曾字「彥上」，未曾用。）

民國九年庚申（一九二〇）　先生三十一歲

在美國哈佛大學。從 Lanman 學習梵文巴利文二年。

本年春兄隆恪在京。有《人日大雪寄懷六弟美國》詩云：「朔風迢遞雪搏雲。對此羈棲苦憶君。燕市垂楊將共老。江南懷橘久離羣。蟠胸意氣成奇字。束手生涯刺繡文。天上長房如未死。願移四海接爐薰。」（《同照閣詩鈔》）

春，兄師曾仍在京。《感事次彥殊韻》詩，有「猴冠待沐彈無價。馬骨空羣市已灰」語。

夏，兄師曾南歸省親。有《返金陵寓廬作》詩。有「滿園涼翠近高樓。不道江南夏似秋。」及「自我匆匆三載別，天桃結子出牆頭」之句。

本年家仍居南京「金陵別墅」。父散原老人有《庚申二月，金左臨招集鍾山造林場，余與馮蒿叟（馮煦）同車往會，酒次主人出示新句，和以紀興》詩。曾至滬，有《半淞園坐雨，柏夔、重伯、壽丞及兒子方恪同遊》（按：伯夔，袁思亮。重伯，曾廣鈞。壽丞，俞恪士弟。）詩有「秋堂對茗圍寒雨，遺世魂依犢鼻褌」之句。又有《清道人卜葬金陵哭以此詩》之作，清道人李瑞清，卽辛亥革命期間曾在南京暫攝江蘇布政職，後逃滬者。爲滬居期間老友也。民國十五年丙寅，散原老人曾爲作《清道人遺集序》。

民國十年辛酉(一九二一)　先生三十二歲

九月，離美再赴德國。

接前交代稿：「一九二一年離開美國，重赴德國，進柏林大學研究院，研究梵文及東方古文字學等。在歐洲大約四年。」

春，兄師曾有《春雪》詩，句云：「且喜光明生白室。待蘇慘澹死灰心。新年例聽沿街鼓。濁世聊爲袖手吟。」

秋，兄師曾自槐堂移居西城庫子胡同。《移居》詩句云：「老槐伴我泣鰥魚，今見攜雌復引雛。別去得無三宿戀。朅來回顧七年居。」又云：「自笑褌中能處虱。(自注：所居曰庫子胡同)心懸枝上獨承蜩。紛紜世局風雲幻。喜懼親年定省遙。」

按：據詩續娶黃夫人(名國巽，長沙人)當在還居槐堂後。范罕於去年有《師曾邀飲寓廬感而有賦》詩自注：「前在湘時封可纔四歲，今其第三子亦近四歲。」

父母仍寓南京。八月，父散原老人至杭，會葬俞恪士。有《八月十三日會葬恪士吉慶山》詩。又《除夕作》有句云：「爲憶二雛羈絕域，長饑誰挂杖頭錢。」

按：所謂「二雛」蓋指先生及弟登恪。

民國十一年壬戌（一九二二） 三十三歲

「在德國柏林大學研究院。研究梵文及其他東方古文字。」（見前引交代稿。）

春，兄師曾再至日本。集中有關日本詩凡四題。

范罕本年冬有《倚裝十首》，其第五首云：「道子師曾賣畫錢，驅使畫中去。十金供一灑。百金供一醵。」自注云：「道子至日本鬻畫，極一時之盛。」（《蝸牛舍詩本集》二）

按：師曾先生曾攜齊白石畫去日本，揄揚之。不識卽此次否？

九月二十一日，父散原七十壽辰，「遠近以詩來祝者輝溢庭戶。」（邵祖平《無盡藏齋詩話》語。載《學衡》第十三期）

邵氏詩話錄沈曾植、馮煦、康有爲、鄭孝胥、諸宗元、夏敬觀、姚華、羅惇曧、陳止貢九人詩。茲錄沈乙庵詩附後。沈作壽詩未幾卽下世，散原老人本年有《哭沈乙庵翁》詩云：「臥痾傳句寵稱觥。歸序仍能腹稿成。十日死生逢絕筆。萬流依倚失長城。亂離殘客元同命。博大眞人不可名。留詠荆軻一樓影。哀迎終古海濤聲。」（《散原精舍詩別集》。有關老人七十壽事，哭沈詩外《別集》中無所及。）

沈乙庵壽詩：「望望鍾陵幕阜雲。六朝山色接繽紛。列仙姑射冰雪杳。丈室維摩金粟芬。詩句流傳十洲遍。文心不立一言云。病夫病榻神游去。未復諸公介雅勤。」（據邵氏所錄。詩外尚有序文，未見。）

秋，兄師曾南歸省親。妻孥仍留京。繼至南通，祝外姑姚依雲六十壽。

《南通祝外姑姚太夫人六十壽，而外姑先日之杭，遂追陪於杭者二日，賦呈五章》其首章云：「棲遲甥館十年前。僕僕重來意惘然。半畝園林新范宅，一篙煙水古崇川。風塵未醒勞人夢。岡阜今擎壽母筵。却憶諸生能起舞，爲吟花好石湖仙。」自注云：「去年外姑生辰，女學諸生獻花好月圓人壽之舞。」按：姚依雲任南通女師附小校長凡十年。去年退休。姚集《蘊素軒詩稿》不見有關師曾去杭州事。唯有《贈楊令茀女士》詩。又，去年有《春季掃墓無限淒涼遙望通明宮復哭春綺》詩云：「萍蹤何必能相聚。影逐思潮去又來。梅菊不期成復恨。桑榆豈料賦重哀。澌澌野水猶如昔。嫋嫋重楊仍舊栽。慟悼斯人本如玉，風飄霜鬢淚盈顋。」自注：「吾女（指孝嫦）名菊英，春綺名梅未。」據此詩，師曾任教南通寓居通明宮時，汪春綺亦在南通。

先生父母仍居南京「散原別墅」。閏五月，父散原老人至滬，視女疾。

《閏五月歸張氏女子臥疴滬上，嘉定余伯陶主方起之。贈以此詩》詩云：「奔撫孤呻海上樓。藥煙鐙穗颯然秋。豈期與物同疵癘。稍欲祈天赦縛囚。癥結竟窺囊底智。風光宛託剡中游。神洲莽莽誰醫國。方技餘存第一流。」

秋，父伯嚴與梁任公啓超晤敍於金陵。時任公先生任教南京東南高師，將北歸。

吳宗慈《陳三立傳略》：「民十一年壬戌，與梁啓超晤敍金陵。二十年前之湘事同志也。語次及蔡鍔。鍔，梁氏之受業弟子也。先生謂梁曰：松坡昔考時務學堂，年十四，文不通，已斥，余因其稚特錄之。後從子學，乃大成。」

按：本年有《任公講學白下及北還索句贈別》詩云：「辟地貪逢隔世人。照星酒座滿酸辛。舊游莫問長埋骨。大患依然有此身。開物精魂餘強聒。著書歲月託孤呻。六家要指藏禪窟，待臥西山訪隱淪。」（《散原精舍詩別集》頁五）

附節引俞大維《懷念陳寅恪先生》文，藉見先師早年在國外治學情況。

本人與寅恪先生，在美國哈佛大學、德國柏林大學連續同學七年。寅恪先生的母親是本人嫡親姑母，寅恪先生的胞妹是我的內人。本人與寅恪先生可說是兩代姻親，三代世交，七年的同學了。

現在我略談寅恪先生治學的方法和經過：寅恪先生由他念書起，到他第一次由德、法留學回國止；在這段時間內，他除研究一般歐洲文字以外，關於國學方面，他常說：「讀書須先識字。」是因他幼年對於《說文》與高郵王氏父子訓詁之學，曾用過一番苦工。……他研究的重點是歷史。目的是在歷史中尋求歷史的教訓。他常說：「在史中求史識。」因是中國歷代興亡的原因，中國與邊疆民族的關係，歷代典章制度的嬗變，社會風俗、國計民生，與一般經濟變動的互爲因果，及中國的文化能存在這麼久遠，原因何在？這些都是他研究的題目。……我們這一代人，不過能背誦四書、《詩經》、《左傳》等書。寅恪先生則不然，他對十三經不但大部分能背誦，而且對每字必求正解。因此《皇清經解》及《續皇清經解》（樞按：先生在國外時，攜有兩部《經解》石印小字本。現《續經解》一書尚存。）成了他經常看讀的書。……對於史，他無書不讀，他特別注重各史中的志書。如《史記》的《天官書》、《貨殖列傳》、《漢書·藝文志》、《晉書·天文志》、《晉書·刑法志》、《隋書·天文志》、（樞按：先生外文藏書中，有一種德文的天文學，爲美延攜去，現不知流落何所。）《隋書·經籍志》、《新唐書·地理志》等等。關於各種會要，他也甚爲重視，尤其重視《五代會要》等。他也重視三通。三通序文，他都能背誦。其他雜史，他看得很多。這裏恕不一一敍述。……寅恪先生不喜歡玄學，在子書方面除有關典章制度者外，他很少提及。但他很喜歡《莊子》的文章，也很重視《荀子》，這可能是他受了汪中的影響。……集部浩如煙海，博覽實難。但是凡集部之書，包含典章制度者，他都特別注意。對文，最推崇歐陽文忠公、韓文公、王荆公、歸震川諸大家。詩，佩服陶杜，雖好李白及李義山詩，但不認爲是上品。他特別喜好平民化的詩，故最推崇白香山。所以在他《論再生緣》中有「論詩我亦彈詞體」之句。關於詞，除宋人詞外，清代詞人中，他常提到龔自珍、朱祖謀及王國維三先生。可以說，詞不是他特別的嗜好。他所作的詩不多，但都很精美。他弔王國維的長詩，是我們這一代最好的詩篇之一。

現在我們講寅恪先生在國學範圍以外的學問，寅恪先生在美國哈佛大學，隨 Lanman 學習梵文與巴利文二年，在德國柏林大學隨 Lueders 學習梵文及巴利文近五年。回國後，在北平他又與鋼和泰(Baron A. Staël von Holstein)繼續研究梵文四五年。前後共十餘年，故他的梵文和巴利文都特精。但他的興趣是研究佛教對我國一般社會和思想的一般影響。至於印度的因明學及辯證學，他的興趣就比較淡薄了。本人還記得在抗戰勝利後他回清華，路過南京，曾在我家小住，我曾將 Stcherbatsky 所著書內關於法稱 Dharma Kirti 的因明學之部及 Tucci 由藏文所譯龍樹迴諍論(梵文本現已發現)念給他聽，他都不特別感興趣。寅恪先生又常說，他研究中西一般的關係，尤其於文化的交流，佛學的傳播及中亞史地，他深受西洋學者的影響。例如法國的 P. Pelliot(伯希和)，德國的 F. W. K. Mueller，俄國的 W. Barthold 及其他國學者。然他究因國學基礎深厚，國史精熟，又知擇善而從，故其見解，每爲國內外學人所推重。其他邊疆及西域文字，寅恪先生在中國學人中是首屈一指的。除梵文外，他曾學過蒙文、藏文、滿文、波斯文及土耳其文。文字是研究史學的工具；以《元史》爲例，《元史》倉促修成，爲後來學者所詬病。因此有志重修元史的學者先後輩出。可分爲三個段落。第一代，是《元秘史》與《聖武親征錄》的發現。《聖武親征錄》只有漢文本。《元秘史》有漢文本與蒙文譯音本。可是這一代的元史學者，都不能直接讀蒙古文。李文田曾把「紐察・脫察安」(即是「機密的歷史」)誤認是兩位作者，即因不通蒙文的緣故。第二代，利用歐洲譯文補正元代史實。洪鈞所著《元史譯文證補》，堪稱這一時期代表作。但洪氏不懂西域文字，所用材料，僅是間接翻譯，非直接採自各家原文。屠敬山《蒙兀兒史記》與柯鳳蓀《新元史》都屬於此時期作品。王國維先生爲我們這一代的第一流學者，關於蒙古史著作亦極精確。惟王氏只通日文，未能用直接史料也。惟王氏啓後承先，厥功甚偉。第三代，在此時期，我國學者開始研治西北及中亞文字，期可閱讀蒙古史的直接資料，然終因種種原因，未能寫出一部新的蒙古史。代表此時期者卽爲陳寅恪先生。有關係的文字他都懂，工具完備；可惜他生於「齊州之亂何時歇，吾儕今日皆苟活」的時候，他既無安定的生活，又無足够的時間，未能完成他的心願，留給我們一部他的新蒙古史。他平生的志願是寫成一部「中國通史」及「中國歷史的教訓」，如上所說，在史中求史識。因他晚年環境的遭遇，與雙目失明，他的大作(Magnum opus)未能完成，此不但是他個人的悲劇，也是我們這個時代的悲劇。（節錄容有未當。盼參原文，見台灣出版《陳寅恪先生論集》卷首）

民國十二年癸亥（一九二三）　先生三十四歲

仍在德國柏林大學研究院，研究梵文、巴利文、藏文等。

先生在柏林大學時，毛子水（名準。前北大教授）亦在柏林。毛《記陳寅恪先生》文云：「我於民國十二年二月到德國柏林。那年夏天傅孟眞也從英國來柏林，我見到他時他便告訴我：在柏林有兩位中國留學生是我國最有希望的讀書種子：一是陳寅恪，一是俞大維。我認識這兩位，大概也是由孟眞介紹。……趙元任夫婦遊柏林時，寅恪也還在柏林。寅恪、元任、大維、孟眞，都是我生平在學問上最心服的朋友；在國外能晤言一室，自是至樂。」

是時國內時局動盪，江西省教育廳官費，時停寄，此後一兩年間，先生在德生活至爲艱苦。

美延追記：「父親在德留學期間，官費停寄，經濟來源斷絕，父親仍堅持學習。每天一早買少量最便宜面包，即去圖書館度過一天，常常整日沒正式進餐。日子一長，營養太差，加以學習繁重，終於大病，回國休養。後來教育廳償還父親所欠官費款，以給祖父在廬山購買一幢房子名義，作爲償還欠款。」（此美延幼小時所聽到，歷時過久已不盡憶，難於詳備。廬山住房，想即松林故居。又按，江西教育廳「許補留學官費」在民國三年，故系此條本年。）

李思純有《柏林留別陳寅恪》詩，載《學衡》二十二期。

暮春兄師曾南歸省親。有《南歸省親妻子尙留此》詩。又有《浦口待車》詩，則省親後北返時之作也。

按：《浦口待車》詩自注：「是時聞臨城盜刼之信。」臨城刼車在本年陽曆五月五日。其後，母俞淑人病，殆又急奔南歸。詩有云：「兀坐江樓阻去蹤。辭親翻覺太匆匆。」必其省親時雙親均無恙也。

夏，六月十四日，兄隆恪女小從生。

夏，六月二十九日，母俞淑人卒於南京「散原別墅」。享年五十有九。

《繼妻俞淑人墓誌銘》：「癸亥之歲六月二十九日，繼妻俞淑人卒於金陵散原別墅。享年五十有九。……復遭國變，偕淑人轉徙江海間，幾無寧居。余素不問治生，淑人綜繁碎，禦艱窮，不以少溷余。淑人居處溫溫，終其身無疾言劇色。余性卞急，喜繩人過，且縱酒，淑人輒婉諷切諫，頗用資檢攝，其得不召禍傷生，由淑人也。壯歲患暈眩，遂成錮疾。然非甚劇必起治事。撫書鼓琴，悠然自遣。凡余所撰著，皆淑人力疾爲細楷錄副，至數十萬言。故余丁擾攘汙濁之世，往往杜門偃仰，累月不復出，爲得淑人相師友，養德性，永天趣，猶有以堅其志而自適其適也。著神雪館詩若干卷，舊說：神雪者，列仙琴名。淑人好琴，因取此。子五人，衡恪羅淑人出，淑人屢舉其行誼爲諸弟率，所最篤愛者也。餘隆恪、寅恪、方恪、登恪。女三人。」(《散原精舍文集》卷十三)

八月初七日，長兄師曾卒於南京寓居。得年四十有八。

《長男衡恪狀》：「余長男衡恪，乳名師曾，遂爲字。元妻羅淑人所出也。……尋入都，充教育部不列爲官者，主圖書編輯累十年。……衡恪迂拙守儉素，不解慕聲利。往往徒步張蓋，穿風雪趨吏舍治事。刻苦自勵，謹身而矯俗，其諸弟皆莫及也。癸亥盛暑，繼母俞淑人寢疾，馳還金陵，調藥覺不起。素孱，哀劬觸宿痔，又衝雨市棺，寢苫侵地氣，病甚亦卒。距俞淑人之喪踰一月，爲八月初七日，得年四十有八。三女怵余以憂死，挾居杭之明盛湖上。」

按：本年散原老人七十一歲。其時寅師在德，弟登恪留法，均在國外未返。

是時陳弢庵寶琛在京，有《哀陳師曾》詩云：「筆耕代祿養衰親。清白兒孫故耐貧。三絕能爲殊俗重。一瞑誰謂彼蒼仁。戴星力疾輕千里。品畫來過欠五旬。我爲壽耄猶涕下。可堪老蘖對蕭

辰。」（《滄趣樓詩集》卷五）

《陳師曾遺詩》有《弢庵太夫子招飲望海樓出示所藏古畫》詩，據「品畫來過欠五旬」句知事在本年六七月間。

姚華茫父《哭師曾》：「年來行跡太匆匆。聚散存亡事豈同。一死成君三絕絕。幾人賸我五窮窮。比年窮，庚子死者修文陳敬民國祥、輿義劉希陶顯治，並師曾而三。余曾於壬戌之秋偕師曾作赤壁圖，賦詩。且約以甲子東坡生日會諸丙子生者益張其事。抑豈知其不可得也。清秋湖海添新淚。隔代文章見故風。未可驢鳴嫌客笑。祇堪往事弔殘叢。」（《弗堂類稿》詩甲二）

又，羅惇曧癭公《師曾一口劍立幅爲釋戡題》詩凡三絕，其二云：「豈意金陵却撫棺。而翁白髮淚雙彈。悽然一飯靈床側。也當徐君挂劍看。」今秋八月過金陵，赴弔其太夫人之喪，驚聞師曾逝世三日矣。撫棺悽悼。散原翁爲述師曾病狀甚悲怛。爲留一飯而去。（《羅癭庵詩集》。按癭公回京後明年秋分日亦卒。見黃晦聞挽詩自注）

本年母俞淑人、兄衡恪逝世後，兄隆恪當挈喻孺人自工作地返金陵。

民國十三年甲子（一九二四）　先生三十五歲

仍在德國柏林大學研究院。

按：先生連遭母兄之故，家中容或未即告之。

兄隆恪有《甲子春日感賦》詩云：「蘼蕪又向北邙生。逝水誰關不朽名。卅載春光留哭母。一場塵夢已無兄。丹青獨照膏肓痛。（自注：大兄逝世，一時遺墨爭購殆盡）天地難溫襁褓情。稚女病妻痴對語。聖湖風雨隔幽冥。（母兄柩厝西湖淨慈寺待擇地卜葬）」此詩後又有《侍大人齋宿淨慈寺》詩。又有《釋戡囑題一口劍忍痛書此遺之》詩。按，「一口劍」者，程艷秋演一口劍傳奇，姚華贈以詩，師曾爲繪一口劍其右。其畫後爲李釋戡所得。二詩均見《同照閣詩鈔》鈔本。

民國十四年乙丑（一九二五）　先生三十六歲

春，北京清華學校創辦國學研究院，幷大學部。（去秋創議經外交部批准）於全國各地招考研究院第一屆新生三十八名。（原定額四十名，有因體格檢查未能入學者）同時辦理大學部文、理、法、工、農各院系招生事宜。原留美預備部停止招生。

先生受聘爲國學研究院教授（當時研究院教授皆稱導師）。由德國歸國。歸後以父病請假一年。於第七次交代底稿：「一九二五年回國受前清華大學國學研究院教授之聘。因父病請假一年。於二六年始就職。」

當倡議辦國學研究院之初，胡適薦海甯王國維先生主持。經展轉洽商始就清華聘。先生《王觀堂先生挽詞》所謂「魯連黃鷂績溪胡，獨爲神州惜大儒。學院遂聞傳絕業。園林差喜適幽居。」者是也。本年舊曆三月，靜安先生移家清華園西院。

嗣以不肯任院長職，改由外文系教授涇陽吳雨僧先生宓兼任研究院主任。同時聘新會梁任公先生啓超、及武進趙元任先生任國學研究院教授。鍾祥李濟之先生爲專任講師。陽曆八月，任公先生住進清華園北院。元任先生住進清華園南院。

藍孟博《清華國學研究院始末》文引李濟之先生語：「民國十四年爲清華學堂開辦國學研究院的第一年，這在中國教育界可以說是一件創舉。國學研究院的基本觀念，是想用現代的科學方法整理國故。清華研究院所請的第一批教授(實稱導師)有王國維、梁啓超、及陳寅恪、趙元任諸先生，我是受聘去作講師的一人。那時華北的學術界確是很活躍，不但純粹的近代科學如生物學、地質學、醫學等均有積極的研究工作表現，就是以科學方法整理國故爲號召，也得到社會上熱烈支持。」

陽曆九月二十八日研究院開學。

先生父散原仍養病杭州西湖淨慈寺。

十月，葬母俞淑人、兄衡恪於杭州牌坊山之原。

《俞淑人墓誌銘》：「越三歲乙丑十月十八日，始卜葬杭州牌坊山之原。於穴左留余生壙。祔衡恪塋次。」(《散原精舍文集》卷十三)

先生兄隆恪有《十月赴杭歸葬母兄舟中感念而作》詩。又有《牌坊山原叩別母兄新塋》詩云：「湖上飛霜落景深。氤氳雲氣補空林。横江光冷吹饞夢。迴嶂天迷寢苦心。懺悔餘生通靜寂。浮沈萬象自追尋。癡兒坐廢頭垂白。待聽松風夜鼓琴。吾母善撫琴，用仙人琴名自署神霄館主。」（鈔本《同照閣詩鈔》）

陳寅恪先生編年事輯

卷中

民國十五年丙寅（一九二六）　先生三十七歲

秋七月，先生至北京，任清華學校國學研究院教授。

按：先生兄隆恪有《四月四日偕閨人婉芬攜稚女小從（時四歲）抵杭州侍疾》詩，又有《偕六八兩弟登寶石山顛》詩，足見先生與兄隆恪弟方恪本年夏初同在杭州侍父。

初至清華，住工字廳，與吳雨僧爲鄰。吳贈以詩曰：「經年瀛海盼音塵。握手猶思異國春。獨步羨君成絕學。低頭愧我逐庸人。冲天逸鶴依雲表。墮溷殘英怨水濱。燦燦池荷開正好。名園合與寄吟身。」先生之來清華，吳所介也。（《吳宓詩集》卷七《京國集》上）

王靜安先生已於上年移家清華園，與先生識趣特契，時來工字廳與先生話舊事，後來挽詩中所謂「回思寒夜話明昌。相對南冠泣數行」者是也。

按：先生於在德時受聘，本年始到校。時清華校長爲曹雲祥。清華本由美退還庚款創辦，學校開辦於宣統元年（一九〇九），特賜清華園建校，故校名清華。初僅招收留美學生。入民國後仍稱清華留美預備學校。隸屬外交部。有董事會，校長由董事會推選任命。趙元任、李濟之先生均在清華先後考選留美。

先生留德舊友李思純（字哲生）來清華園。并謁見梁、王兩先生。均有詩。（《學衡》雜誌五十五、六期）

暑假後開課，先生講授佛經翻譯文學。靜安先生任經史小學導師，講授古史新證、尚書、儀禮、說文等課。任公先生因病，講課多由學生筆錄。趙元任先生講授語言學、蘇州方言調查等。李濟之先生講授人類學、考古學等。

「自十五年秋，陳寅恪先生到院，導師已增至四位，秋季開學，新同學及留院繼續研究的同學，共有五十餘人，院中充滿蓬勃氣象。」(藍孟博《清華大學國學研究院始末》)

趙元任先生《憶寅恪》：「第二年到了清華，四個研究教授當中除了梁任公注意政治方面一點，其他王靜安、寅恪、跟我都喜歡搞音韻訓詁之類問題。寅恪總説你不把基本的材料弄清楚了，就急着要論微言大義，所得的結論還是不可靠的。」

陳哲三《陳寅恪先生軼事》(記藍孟博語)：「陳先生演講，同學顯得程度很不够。他所會業已死了的文字，拉丁文不必講，如梵文、巴利文、滿文、蒙文、藏文、突厥文、西夏文及中波斯文非常之多，至於英、法、德、俄、日、希臘諸國文更不用説，甚至於連匈牙利的馬札兒文也懂。上課時我們常常聽不懂，他一寫，哦！才知那是德文，那是梵文，但要問其音叩其義方始完全了解。吳宓、朱自清都常來聽講。他的書房中各國各類書都有，處處是書，我們進去要先搬搬挪挪才能坐下。平日講書，字字是精金美玉，聽講之際，自恨自己語文修養太差，不配當他學生。每到他家，身上總帶幾本小册子，傭人送上茶菓，有時先生也教我們喝葡萄酒，我們便問其來歷，他於是把葡萄酒原產何處，原名什麼，最早出現何處，何時又傳到何處，一變成爲何名，如此這般，從各國文字演變之迹，看它傳播之路徑。這些話我們都記在小册子裡。

先生極其幽默。有天我們在座，他說：我有個聯送給你們：南海聖人再傳弟子，大清皇帝同學少年。大家哄堂大笑。更妙的是北伐成功，全國統一後，政府派羅家倫接長清華，羅去看陳先生，我們也在座，羅送給先生一書，是他編的《科學與玄學》，記張君勱、丁文江辯論的舊事，陳先生翻了翻便說：志希，我送你一聯如何？羅說：甚好，我卽刻去買上好的宣紙來。陳先生說：不用了，你聽着：不通家法科學玄學，語無倫次中文西文。羅大笑不止。陳先生又說：我再送你一個匾額：儒將風流。又說：你在北伐軍中官拜少將，不是儒將嗎？你討了個漂亮的太太，正是風流。他才思敏捷，詼諧風趣大率類此。」（羅事在民十九年後，附帶錄於此。）

研究院創辦考古陳列室。并與大學部歷史系共組考古學委員會，推李濟之先生爲主席。

研究院自有購書專款，院中採購外文書及佛藏等，均由先生審定。採購中文書籍，均由靜安先生審定。

本年夏，研究院招收第二屆新生三十餘名。研究生入院領取「研究生證」辦理各項手續後，先就所研究項目分別規定由某位導師指導。如次年另換題目，或由別位導師指導。梁先生接見學生，都在研究院辦公室。其他導師，則多在家中，導師既循循善誘，學生亦能盡力於學。

藍孟博《清華國學研究院始末》文云：「研究院的特點，是治學與做人並重，各位先生傳業態度的莊嚴懇摯，諸同學問道心志的誠敬殷切，穆然有鵝湖、鹿洞遺風。每當春秋佳日，隨侍諸師，徜徉湖山，俯仰吟嘯，無限春風舞雩之樂。院中都以學問道義相期，故師弟之間，恩若骨肉，同門之誼，親如手足，常引起許多人的羡慕。因同學分研中國文、史、哲諸學，故皆酷愛中國歷史文化，視同性命。」又云：「研究院招生時，是把研究院規程及導師講師和指導範圍，都印成小册，附在招生簡章內，最富吸引力，所以投考的人極衆，錄取的很嚴，更爲有志者所嚮往。十五年夏第二次招生時，報考人數更多，遂比第一屆多錄取幾名。院中規定，學生研究一年須繳論文一篇，經導師認可，卽准予畢業，畢業證書是由清華校長及全體導師署名蓋章。研究生繼續留院研究者，仍可留院，每研究一年卽畢業一次，研究年數並無限制，同學中研究二年者爲最多，三年者次之，四年及一年者爲最少。」離校同學，間有出國者，如張昌圻、藍孟博等去日本，王力等赴法，周傳儒去英。其他不悉記。

任公先生自本年年初因患便血病，入協和醫院治療，割去右腎一枚。實際上便血與腎無關，割腎後便血病仍時發。以是開學後不復自編講義。直至九月，便血病大體痊好，始能授課。

按：梁先生九月二十九日家書：「初到清華，發了三天，此外都是極好。今年我不編講義，叫周傳儒筆記，記得極好，你們在周刊上可以看到。每星期只上講堂兩點鐘，在研究室接見學生五點鐘。我從來沒有過這樣清閒。」（林宰平先生編《梁任公先生年譜長編》第十一册頁一一三七）

十月二十九日，靜安先生五十初度，及門弟子均稱觴致賀。

本年九月，長沙楊遇夫樹達來清華大學部中文系任教。梁先生早年在湘時弟子也。

本年，散原老人仍寓杭。初冬避兵至滬。子隆恪攜家侍從。（時國民黨進軍武漢，吳佩孚、孫傳芳軍敗退。）

兄隆恪《避滬述感》詩有句云：「漲海喧豗萬戶溫。依依投止望誰門。」又有《丙寅除夕》詩云：「言息粗安説避兵，海隅臘鼓思縱橫。承歡門户支天眷。入醉山河對酒清。舊夢憑樓融蜃氣。殘宵依燭待雞聲。盆梅亦預多情世，吐座微馨暖弟兄。」（《同照閣詩鈔》）

民國十六年丁卯（一九二七）　先生三十八歲

仍任教清華研究院。寓工字廳。

本年，第三届研究生錄取十八名。

有《春日獨遊玉泉静明園》詩云：「猶記紅牆出柳根。十年重到亦無存。園林故國春蕪早。景物空山夕照昏。回首不生終負氣。此身未死已銷魂。徐騎省南唐後主挽詞：此身雖未死，寂寞已銷魂人間不會孤遊意，歸去含悽自閉門。」

按：此詩師母手寫目錄不載，《詩存》中亦未錄入。此從「吴宓丁卯日記」中傳鈔出。

研究院刊物《國學論叢》第一卷一號夏四月出版。九月，出版第二期。

初夏，梁任公先生偕研究院同學爲北海之遊。

吴其昌《梁先生北海談話記》：「先生每於暑期將近時，約同學作北海之遊，俯仰吟嘯於快雪浴蘭之堂。」

梁先生作長的講話，有《梁先生北海談話記》。周傳儒、吳其昌筆記。見《清華研究院同學錄》。（又見《任公先生年譜長編》册十二、頁一一九一。）

夏五月初三日，研究院導師王靜安先生自沈於頤和園排雲殿前昆明湖中，終年五十一歲。

按：趙萬里所編靜安先生年譜云：「四月中，豫魯間兵事方亟，京中一夕數驚。先生以禍難且至，或有更甚於甲子之變者，乃益危懼。五月初二日夜，閱試卷（指考新生試卷）畢，草遺書懷之，是夜熟眠如常，盥洗飲食赴研究院視事亦如常，忽於友人處假銀餅五枚，獨行出校門，雇車至頤和園。步行至排雲殿西魚藻軒前。臨流獨立，盡紙煙一枝，園丁曾見之。忽聞有落水聲，爭往援起，不及二分鐘已氣絶矣。時正巳正也。」

吳宓《空軒詩話》：「楊鍾羲爲前清遺老，漢軍旗人。與王靜安先生同直清南書房。王先生自沈之次晨，首至頤和園魚藻軒望屍而哭。輓詩亦沈痛。」

王先生逝世後，先生作七律一首挽之。繼又作《王觀堂先生輓詞》。前冠長序，言王先生所以死之故。詩則仿王先生《頤和園詞》，述清季掌故，致深切悼念之忱。兩詩均見《寅恪先生詩存》。又有挽聯云：「十七年家國久魂銷猶餘剩水殘山留與纍臣供一死。五千卷牙籤新手觸待檢玄文奇字謬承遺命倍傷神。」

王先生逝世後，日本學者狩野直喜、内藤虎次郎等組織「靜安學社」，並籌刊《東洋學叢編》以資記念。有《靜安學社一覽》。《東洋學叢編》第一册卷首載靜安先生肖像及影印靜安先生「遺書」。先生之《須達起精舍因緣曲跋》即載此册。

七月十七日葬静安先生於清華園北西柳村七間房之原。遼陽楊鍾羲爲銘誌其墓，武進袁勵準書之。先生藏有墓誌銘拓本。

本年夏增聘鄞縣馬叔平衡、閩侯林宰平志鈞爲研究院講師。講授金石學、哲學。吳宓辭去研究院主任，當在本年三月。

是時先生教學雖在佛經與中國史方面，然仍留意古籍及中國古文字之學。本年秋，曾令學生戴家祥迻錄馬叔平校孫仲容《名原》於所藏本上。又曾令人傳鈔孫仲容《尚書駢枝》，但不知本於何鈔本，樞曾用以校燕京大學刊本，多有不同。

戴家祥《名原》校本跋：寅恪夫子命傳錄鄞縣馬叔平校本，繕寫既竟，復以私意補其闕訛者數十字，尚不能稱爲定本，他日有暇，當以金文卜辭逐字精校，以存鄉先哲之遺澤云爾。丁卯秋季永嘉戴家祥記。

又跋：壬戌夏五，瑞安孫莘農君以此書校補本見贈，而不言校自何本，疑其傳錄鄞縣馬叔平手校本也。而逯迹草草，多與原器乖牾。今秋寅師命轉錄一本，後又叚馬君手校本屬家祥復校一過，而馬本與舊本多異，竊疑舊本或從孫籀公手稿校出者，因以墨筆識馬本之與舊本異者於書眉，以俟異日重整也。丁卯十月十二日燈下家祥又識。（按《名原》木刻本不但有誤字，且墨丁滿紙，後來影印本悉仍之，實非校不能讀之書。）

十一月，研究院發生風潮。起因爲：外交部聘梁任公先生爲庚款董事會董事。按章程規定，校長由董事中互選。曹雲祥恐梁先生將代之爲校長，暗中運動教職員反對，教育系教授朱君毅獨甘爲奔走，嗾研究生王省上書云「研究院教員曠職，（時任公先生因病返津）請求易人」。曹將信油印寄與任公，欲迫令去職。全院同學聞之大憤，質問王省，盡吐實情。於是同學們一方面赴津，請求梁先生勿辭，一方面請求外交部，撤換曹雲祥及朱某。結果王省被開除，朱君毅辭職，曹旋亦去任。研究院既有單獨購書經費，自開辦訖本年，已購進滿、蒙、藏文、中文經典古籍，明刊暨近刊善本叢書，及歐、美、日本書籍雜誌等，并頻伽精舍藏經、大正藏等七八百部。考古學會由李濟之先生等往山西西陰村等地發掘，得古物七十六箱運回學校。大都爲石器時代遺物。其中最引人注意者爲腐爛之蠶繭半個。

先生父散原老人自春迄冬皆寓滬。有《花朝瓶齋讌集次其韻》詩，自注云：「是日兼爲子婦納吉，有媒介在座。」

按：此所言「納吉」，殆爲辦理先生訂婚事歟？時師母家寓滬。

本年兄隆恪四十歲，任南潯鐵路局局長。

按：此據隆恪先生女小從筆記。

編年文　《大乘稻芉經隨聽疏跋》　《有相夫人生天因緣曲跋》　《童受「喻鬘論」梵文殘本跋》

民國十七年戊辰(一九二八)　先生三十九歲

春初,梁任公先生再入協和醫院檢查身體。

先生由工字廳遷居南院二號。與趙元任先生比鄰。

先生初至清華時,偕一男工友,卽後來師母「避寇記」中所謂忠良者。旣遷居南院,應門及照料瑣事均忠良任之。往謁見時均由忠良傳達。

春,北平大學北大學院(北京大學)院長陳大齊聘先生往兼任「佛經翻譯文學」課。秋季開學後,改授「蒙古源流研究」。此後因體弱不再到北大兼課。以後北大同學只好到清華去聽課。(勞榦《憶陳寅恪先生》)

本年春三月,友人俞平伯爲楷寫韋莊《秦婦吟》長卷,並注明流傳寫本文字之異同。實後來先生考證《秦婦吟》張本也。俞有細楷跋云:

余與寅恪傾蓋相逢,忘言夙契。同四海以漂流,念一身之蕉萃,所謂去日苦多,來日大難,學道無成,憂生益甚,斯信楚囚對泣之言,然不自病其惑也。今歲丁香開後,屬寫此篇。明知字跡塵下,無以塞命,惟念古今來不乏鴻篇巨製,流布詞場,而寅恪兄乃獨有取於此;且有取於稚弱之筆法,則其意固在牝牡驪黃之外也。中和癸卯後千有四十五年歲次戊辰春三月俞平伯寫跋於北京。

時俞任清華學校大學部中文系教授。

四月《國學論叢》一卷第三號出版。此卷爲「王静安先生紀念號」。先生《王觀堂先生挽詞》即載此冊。

暑假期中赴滬，時父散原老人仍寓滬。

六月，有許吳雨僧落花詩云：「後四首較前半更佳。略有數字如罡風孽債之類，最好均避去不用爲妥。大約作詩能免滑字最難，若欲矯此病，宋人詩不可不留意。因宋人學唐，與吾人學昔人詩，均同一經驗，故有可取法之處。尊意如何？總之，後四首甚好，遠勝前四首。」(《落花詩》見吳集卷九、作於本年。)又有許吳雨僧《懺情詩》云：「直抒胸臆，自成一家，自懺，即所以自解，正不必別求解人也。」

六月，梁任公先生辭去研究院一切職務，回天津養病。

秋七月十七日，與師母唐曉瑩在滬結婚。父執衡陽曾熙繪《齊眉綏福圖》爲賀。婚後未及一月，以開學在近，先生隻身返清華。有《戊辰中秋夕渤海舟中作》詩。師母因葬母事留滬。

師母名篔，字曉瑩。廣西灌陽人。清署理台灣巡撫唐景崧孫女。父早故，依母居天津。幼讀書天津女子師範，畢業後留本校附小教書。母在另一女校任教。後由女師保送上海體專。畢業後回母校任體育主任。曾在北京女子文理學院任體育教師。移家北京西城。繼又移居滬。在某校任教。母逝世後與先生結婚。(據師母所記)

本年第四屆研究生錄取二名。

夏，姪封懷任清華大學農學院生物系助教。時封懷夫人張夢莊，就讀清華外文系。封懷伉儷俱能詩、畫，家學薰習由然也。

本年夏，兄隆恪任漢口電訊局主任。

本年夏國民黨軍隊進入北京。改北京爲北平。

冬，陽曆一月十九日，梁任公先生病逝於北京協和醫院。梁先生便血病本非由腎功能所致，誤從某醫將右腎割除，以致抵抗力弱，自本年十一月再入協和以來，便血終不已，體益衰，遂於十九日午後二時溘逝。陽曆二月十七日，北京各界在廣會寺公祭任公先生。研究院同學與祭者有楊鴻烈、吳其昌等。

編年文 《俞曲園先生病中囈語跋》 《懺悔滅罪金光明經冥報傳跋》 《須達起精舍因緣曲跋》

民國十八年己巳（一九二九） 先生四十歲

研究院同學爲靜安先生樹立紀念碑於校園內工字廳東偏，乞先生爲「王觀堂先生紀念碑銘」。文中論思想自由之眞諦。

四月十六日乙巳（新曆五月二十四日）長女流求生於北京協和醫院。

八月，《國學論叢》二卷一號出版。先生《元代漢人譯名考》發表於此冊。

八月七日，會葬任公先生於西山臥佛寺東坡。（《聆風簃詩》卷七）

王、梁兩先生相繼逝世，趙元任先生常去外地調查方言，研究院事務遂集於陳先生一身。故研究院末期，所有指導研究生，指揮助教辦事，聯繫離校同學或函復其請教諸問題。事無巨細，悉由陳先生處理。藍孟博《清華大學國學研究院始末》文云：「寅恪先生爲發展研究院計，請校方聘章炳麟、羅振玉、陳垣三氏爲導師，馬叔平（衡）爲特別講師，校方一一致聘，章、羅均不就，陳氏自以『不足繼梁、王二先生之後』爲詞，再三懇辭，惟馬先生應聘。」

十月，父散原老人離滬。乘舟至牯嶺新居。有詩云：「老棄觴詠區，舊恩滿離抱。隔海迎江濤，魂痕斷仍繞。指宿靈峯脚，飲氣雲嵐好。鄉夢醒嗚僮，始覺身如鳥。……」

散原老人移居牯嶺後，子隆恪夫婦暨孫女小從隨侍。有《長至後一日於晴雪光中挈隆兒夫婦及七齡女孫攝影紀以一詩》，詩云：「日氣騰騰萬景扶。銜晴烏鵲鏡中呼。竄居亦擁團欒影，雪壑冰枝帶一雛。」所謂「七齡女孫」即小從也。除夕，子登恪自武昌（時在武大任教）來牯嶺省親。

編年文　《清華大學王觀堂先生紀念碑銘》　《敦煌本十誦比丘尼波羅提木義跋》　《元代漢人譯名考》

民國十九年庚午（一九三〇）　先生四十一歲

在清華。住西城姚家胡同三號。

毛子水《記陳寅恪先生》文云：「寅恪於民國十五年由德回國就清華國學研究院的導師。我從德回國於十九年三月到北平時，他住在北平西四姚家胡同。那年夏秋間有幾個月我從東城搬至西城一老同學家住，常在寅恪家吃飯；飯後有時同到中央公園吃茶散步。他那時除在清華上課外，每周必和鋼和泰作一兩次學術討論，工作相當繁重。公園吃茶散步的調節，大概是他夫人的安排。」

有《閱報戲作二絶》詩云：「弦箭文章苦未休。權門奔走喘吳牛。自由共道文人筆，最是文人不自由。」其二：「石頭記中劉老老。水滸傳裏王婆婆。他日爲君作佳傳，未知眞與誰同科。」

父散原老人仍寓牯嶺新居，子隆恪、登恪、孫女小從隨侍。有《清明日擕隆恪夫婦、登恪、小從過天泉洞御碑亭觀天池》詩。(《散原精舍詩别集》)

三月，老人次女新午及壻俞大維，以將赴德，至廬山省視，并告别。老人有《三月二十一日别嫁俞氏女子新午隨其壻大維并將稚子揚和往柏靈》詩云：「藏山成别汝。穿海得擕兒。夜水魚龍動，晨妝島嶼窺。魂痕纏萬里，老味戀長饑。絶域同風雨，威儀慎所持。」(《散原精舍詩别集》。别集詩至本年冬止。)

四月，散原老人遷居廬山松樹林新宅。

十月，父散原老人離廬山。有《庚午十月朔别廬山》詩句云：「棲跡雲霧巔，歲序慨已周。……息影松林徑，洗夢澗瀑流。……雷雹震薄之，曠代誰相收。過者或嗤點，形似禿翁不。嗚篠蒼煙根，石氣泱漭浮。天梯插地軸，墜擸鷹翮投。靈峯萬萬古，揮手回白頭。」本年散原老人七十八歲。

本年，國民黨教育部易原清華園清華學校校名爲清華大學，並改隸教育部。

原清華學校國學研究院結束。原清華學校研究院所辦刊物《國學論叢》於本年十二月出版二卷二號。停刊。

編年文　《大乘義章書後》　《敦煌劫餘錄序》（敦煌劫餘錄，陳垣纂）　《敦煌本維摩詰經文殊師利問疾品演義跋》　《靈州寧夏榆林三城譯名考》（蒙古源流研究之一）　《吐蕃彝泰贊普名號年代考》（蒙古源流研究之二）　《馮友蘭中國哲學史審查報告上篇》（下篇當作於民國二十一年）　《三國志曹沖華佗傳與印度故事》　《西遊記玄奘弟子故事之演變》　《敦煌本唐梵翻對字般若波羅蜜多心經跋》

民國二十年辛未（一九三一）　先生四十二歲

清華自易名爲清華大學後，先生任中文歷史系合聘敎授，幷爲中文研究所、歷史研究所開專題課。中文系和研究所開「佛經文學」「世說新語研究」「唐詩校釋」等。史學系則開「魏晉南北朝史專題研究」「隋唐五代史專題研究」等課。

吳宓《空軒詩話》：「寅恪嘗謂唐代以異族入主中原，以新興之精神，强健活潑之血脈，注入於久遠而陳腐之文化，故其結果燦爛輝煌，有歐洲騎士文學之盛況。而唐代文學特富想像，亦由於此云云。」（頁一二七）按：此條不知年，姑系於此。宜參《李唐氏族之推測》及《後記》兩文。

是時先生授課之餘，精研羣籍，於唐代文學及佛經多所涉及。所特好者，用力尤勤。時武强賀氏所刊吳摯甫評注本《韓翰林集》甫行世，先生購置一册，於書眉細字詳錄有關資料，間抒己校訂意見。如卷首書眉案語云：

寅恪案：繆荃孫《韓翰林詩譜略》據李義山贈冬郎詩，定其生於會昌四年。蓋是年冬郎十歲，而柳仲郢以大中六年鎮東川，義山是年冬赴東川，冬郎作詩送義山，義山次年乃追憶作詩，是爲七年。會昌四年爲八四四年，距大中七年爲八五三，適爲十年。粗計而得之。故依此則龍德三年，即九二三年，是年冬郎應爲八十二歲。震鈞《韓承旨年譜》依《繆譜》定冬郎生於會昌四年，而書卒於同光元年、即龍德三年，年八十，少計二歲。因繆據李義山馮譜，定義山贈冬郎詩作於大中七年，非是。此詩應作於大中五年，則是冬郎實生於會昌二年壬戌，即八四二年；卒於龍德三年，即同光元年癸未，年八十二歲。

又如韓集卷二《八月六日作四首》箋注尤詳。詩題上先生識語云：

唐昭宗被弑於天佑元年壬寅，是年八月壬辰朔，壬寅爲八月十一日，「六」字殆由「十一」兩字聯一之訛，蓋形近致誤。又，所謂「十一作」者，非眞此日所作，不過以此爲題耳，實作於天祐元年八月十一日昭宗被弒之後，哀帝猶未禪位之前，其詳悉年月不能詳考矣。「日離黃道」者，蓋指僖宗於廣明元年丁未又幸鳳翔，至昭宗龍紀元年己酉卽位，適爲十年，故「斂手」乃指昭宗言。韓公意在推崇昭宗，謂自僖宗幸蜀後王室昏亂，至昭宗繼立，重開造化，滌蕩乾坤，雖不免有過美之辭，然足見冬郎故君之思也。此詩上四句頌美昭宗堪爲中興之君，無奈其臣皆亡國叛逆之臣也。

又，第二首眉識云：

寅恪案：冬郎作「黃旗紫氣」當是用庾賦。是時吳之楊行密、閩之王審知，皆不可以黃旗紫蓋天子所在目之，故此句必指哀帝而言。然則此四首詩爲昭宗被弒哀帝嗣立時所作，斯其碻證矣。

案：先生此書批注甚多，不能詳錄。惜先生手批校之《韓翰林集》，於一九七四年爲某友取去，余乃別購一硃印本付之，令其錄副歸我。今茲所錄師語，皆自副本，無從核對，錄畢不禁悵然也。

秋，父散原老人由滬避暑北平，中途感不適，改赴廬山。

按：本年秋，黃某有《寄訊散原先生》詩云：「闊絕湖堂又五年。藜床漲海想傀然。南來駕數遲鳴鵠。東向心應拜杜鵑。幽夢崎廬循墓淚。佳兒闓市販書錢。謂彥通 鯨波洊濡吾安放。吟望垓埏一老專。」據此，老人舊曆八月間尙在滬。

友人劉宏度「九一八」事變後自瀋來平，偕遊北海天王堂。有詩。

自去年起先生兼任國民政府中央研究院理事、歷史語言研究所研究員兼第一組主任（實際只擔任名義。遇有學術問題才應邀參預。）又兼任故宮博物院理事。清代檔案委員會委員。得遍閱故宮滿文老檔。

陳哲三《陳寅恪軼事》（記藍孟博語）：「在清華時，不論天氣冷熱，常乘車到大高殿軍機處看檔案。清時機密都用滿文書寫，那是最原始的史料，先生一本本看，遇重要的就隨手翻譯。暑假我要回家，他交我一張單子，上頭全是滿文，他說：這些字字典查不到，而都是關鍵字，若不能譯，譯出來的也都無用。你回吉林，遇到懂滿文的漢人向他請教。我回來時替他解答了八九十個字，他說幫助極大。」

陽曆一月三十一日次女小彭生於北京協和醫院。

兄隆恪任九江稅局主任。繼又改任江西財政廳科長、秘書。家屬居牯嶺。姪封懷任北平靜生生物研究所研究員。

編年文　《幾何原本滿文譯文跋》　《彰所知論與蒙古源流》（蒙古源流研究之三）　《蒙古源流作者世系考》（蒙古源流研究之四）　《李唐氏族之推測》

民國二十一年壬申（一九三二）　先生四十三歲

仍教學清華。

有《題萍鄉文芸閣文廷式雲起軒詩集中咸(葉刻誤作感)通七律後》詩云:「無端端已費題箋。此意追思一泫然。隔世相憐彌悵惘。平生多恨自纏綿。金輪武曌時還異。石窟文成夢已仙。莫寫浣花秦婦障。廣明離亂更年年。」

按:文廷式字道希,江西萍鄉人。散原老人與道希同舉江西鄉試。同計偕居京師。光緒間廷式官侍講,慷慨論時政,所謂清流中之佼佼者。後遭西后忌革職。脱身走日本乃免。歸國後時過老人金陵寓中。《花隨人聖盦摭憶》云:「文道希革職驅逐一事,實爲戊戌政變之先聲,當時帝后齟齬中一大公案也。」

溥儀僞滿洲國於本年三月由日人操縱在東北長春市成立。

一月末日寇佔領上海閘北,十九路軍抗日戰作。父散原老人居牯嶺,聞訊日夕不甯。訂閱航空滬報,「報至則讀,讀竟則愀然若有深憂。一夕忽夢中狂呼殺日本人。全家驚醒。」(《傳略》)

正月至五月間父散原老人仍寓廬山。有《景白亭記》、《聽瀑亭記》等文。

九月二十一日,散原老人八十生日。座師陳寶琛弢庵自舊京「寄以一詩,詩云:『平生相許後凋松。投老匡山第幾峯。見早至今思曲突。夢清特地省聞鐘。真源忠孝吾猶敬。餘事詩文世所宗。五十年來彭蠡月,可能重照兩龍鍾。』蓋翁爲光緒初年先生典試江西所親拔士,其試題則爲『歲寒然後知松柏之後凋也』,首句意實雙關。散原是年春尚居廬山,冬始北行,耄年師弟,猶得獲聚者又一年有餘。」(《花隨人聖盦摭憶》頁四八。按《滄趣樓詩集》卷十,此詩題爲《散原少予五歲今年八十

矣記其生日亦九月賦寄廬山》)

又,小從云:祖父八十歲生日時,家人及散居各地親友均來山祝壽。兄隆恪有《諸弟妹來山祝大人八十壽别後有懷》:「看雲成聚散。千里夢飛揚。菊影殘依几。松風勁脱霜。傾尊閒裏醉。坐日别離長。獨攬寒山趣。何來共燭光。」據詩,先生亦至廬山祝父八十壽。

編年文　《禪宗六祖傳法偈之分析》《西夏文佛母大孔雀明王經考釋序》(西夏研究第一集題作《西夏文佛母大明雀明王經夏梵藏漢合璧校釋序》)《斯坦因所獲西夏文大般若經殘卷跋》《南嶽大師立誓願文跋》《與劉叔雅教授論國文試題書》《高鴻中明清和議條陳殘本跋》

民國二十二年癸酉(一九三三)　先生四十四歲

仍任教清華大學。有答復日本人白鳥庫吉有關中亞問題信。惜原信已不知流落何所。

汪榮祖《史家陳寅恪傳》:「日本學者白鳥庫吉曾以中亞史問題向德、奥學者請教,未得解決,柏林大學乃提議請教陳寅恪教授。白鳥終於在寅恪的信中得到滿意的答案,敬服得五體投地。」

陳哲三《陳寅恪軼事》(聞自藍孟博,用孟博口吻記之):「我想舉一件親歷的事情以見國際學人對他的尊敬與愛戴。民國二十二年我在日本,有天在東洋文庫吃飯,飯後大家閒談,……白鳥說：『藍君你認不認得陳教授？』我答：『是不是陳援庵？』他說：『不是，是陳寅恪先生。』我說：『那是恩師。』白鳥一聽，馬上隔桌趨前伸過手來。白鳥在日本史學界，被捧得如太陽，如何對陳先生如此尊敬呢？他說了，他研究中亞問題，遇到困難，寫信請教奧國學者，覆信說向柏林大學某教授請教，而柏林的覆信說應請教陳教授，當時錢稻孫度春假來日，正住隔房，他說可以代爲請教陳教授，錢的春假未完，陳教授的覆信已到，而問題也解決了。他說如無陳教授的幫助，可能至死不解。」

流求筆記：「從我記事起（本年流求五歲）我家住在清華園南院。後移居新西院，距西校門不遠。這時家中生活緊凑而有規律。父親每天出門總是夾着個布包袱，包着書本。晚上照例伏案工作。父親從不滿足自已掌握的治學工具，每逢星期六上午，不分寒暑都進城到東交民巷找一位叫鋼和泰的外籍教師，學習梵文。」

父散原老人已八十一歲，寓昔年先生在西城所賃居之西四牌樓姚家胡同三號。

按：散原老人有《廬山志序》作於本年三月。其離廬山經南京而至舊都，當在本年夏。又按，先生於民國十八九年間已租就姚家胡同住宅以待老人之至。老人旣未卽來，有時先生亦自住其處。憶庚午年年初樞往謁先生，卽在姚家胡同寓中。

編年文　《支愍度學說考》　《讀連昌宮詞質疑》　《薊丘之植植於汶篁之最簡易解釋》　《李唐

氏族之推測後記》《天師道與濱海地域之關係》

民國二十三年甲戌（一九三四） 先生四十五歲

仍任教清華。

自王靜安先生逝世後，羅振玉輯印《王忠慤公遺書》有所未備。其後門下趙萬里重輯補爲《王靜安先生遺書》，本年交出商務印書館付印。先生爲作《王靜安先生遺書序》。序末署「一九三四年六月三日」，先生嘗語樞曰：此序因不欲違反王先生本意，故不用民國紀元。又因商務再版改換書名之意，故不用甲子。遂用西曆。

本年夏，吳雨僧在其所作「詩話」中，亟稱先生學問之博，並道其得益於先生者。《四聲三問》作於本年春，四月由學校排印。

吳宓《空軒詩話》：「始宓於民國八年，在美國哈佛大學得識陳寅恪。當時即驚其博學，而服其卓識。馳書國內諸友，謂合中西新舊各種學問而統論之。吾必以寅恪爲全中國最博學之人。今時閱十五六載，行歷三洲，廣交當世之士，吾仍堅持此言。且喜衆人之同於吾言。寅恪雖係吾友而實吾師。即於詩一道，歷年所以啓迪予者良多。不能悉記。其《與劉文典教授論國文試題書》及近作《四聲三問》一文，似爲治中國文學者所不可不讀者也。」（頁一四六）

按：吳宓於民國六年、即一九一七年考取留美，次年放洋。時年二十五歲。於民國八年轉學入哈佛。此段《詩話》當作於本年。所謂「空軒」，指所居工字廳西偏，自題曰「藤影荷聲之館」者。

《空軒詩話》又云：「曾寶蓀女士，字浩如，曾文正公之曾孫女而重伯廣鈞先生之女也。堅苦卓絕。任長沙藝芳女校校長多年。予久敬佩女士爲理想事業辛勤奮鬥。顧素未通問。予作空軒詩話時（本年），適陳寅恪持示藝芳雜誌一册，中述校務之艱難摧沮，及女士勞愁困頓情形。予方自傷學衡雜誌、文學副刊等咸遭破毁，遂作一首以寄其同情。詩見吳宓詩集卷十三。

姪封懷考取「庚款基金會」留學考試。赴英留學。

散原老人本年八十二歲。仍寓姚家胡同。

流求筆記：「多數週末下午母親帶我和二妹小彭進城看望祖父。父親星期六上午到東交民巷學梵文，後即回姚家胡同祖父寓所團聚。然後父親和母親帶我們姊妹一同乘校車返清華園。」

編年文　《四聲三問》　《王静安先生遺書序》

民國二十四年乙亥（一九三五）　先生四十六歲

春，有《西郊吳氏園海棠》詩，起句云：「此生遺恨塞乾坤。」詩已錄入《詩存》。

按：此題凡二首，此爲今春作。明年之作題曰「其二」。見下年。

先生遷居清華大學新西院，蓋在本年。

先生自歸國任教清華後，逐漸展開對中譯本佛經之研究，尤其在遷居清華西院三十六號後，用力尤勤。惜所校訂有關佛經之書，今僅存《高僧傳》一至四集及《弘明集》《廣弘明集》各書而已。

先生所用佛經本，大都爲南京「金陵刻經處」及揚州「江北刻經處」所刊。其治理方法，首先着眼於「校勘工作」：《高僧傳初集》卷首識云：「此書若以高麗藏本校之，當有發明。」後來確曾以宋元本、高麗本校過。卷首「各卷目錄」，並以釋寶唱撰《名僧傳》分別引校於書眉及行內，各卷皆然。

先生在讀《僧傳》時，別有論譯經傳播事者，錄如下：

據《高僧傳》前三卷，譯經門正傳及附見者凡六十三人，而號爲天竺人者僅十六人。而此十六人中如攝摩騰、竺法蘭、鳩摩羅什等，或本人之存在不無可疑，或雖源出天竺而居月支，或竟爲龜茲人者尚有數人。然則自漢明迄梁武四百五十年間，譯經諸大德，天竺人居四分之一，其餘皆罽賓、西域及涼州之人，據此可知六朝文化與中亞關係之深矣。

又云：間接傳播文化，有利亦有害：利者，如植物移植，因易環境之故，轉可發揮其特性而爲本土所不能者，如基督教移植歐洲，與希臘哲學接觸，而成歐洲中世紀之神學、哲學及文藝是也。其害，則展轉間接，致失原來精意，如吾國自日本、美國販運文化中之不良部分，皆其近例。然其所以致此不良之果者，皆在不能直接研究其文化本原。研究本原首在通達其言語，中亞語言與天竺同源，雖方言小異而大致可解，如近世意語之於拉丁。按《出三藏記集》卷八僧叡大品經序謂「胡音失者，正之以天竺。」蓋古譯音中如彌勒、沙彌之類，皆中亞語，今日方知，足證當時實此類之經本。然其所譯，仍大抵是梵文，猶天主教人齎譯諸書實皆拉丁之本，而音譯名字猶存法意土音也。因此可知中亞人能直接通習梵文，故能直接研究天竺之學術本源，此則間接之害卽有亦不甚深也。至其利，則中亞大小乘俱盛，大乘盛於和闐。如朱士行在于闐，爲彼地小乘所嫉，然實於其地得放光般若梵本，又經于闐僧無羅叉等之翻譯。至東晉法顯《佛國記》云：「于闐衆僧乃數萬人，多大乘也。」則于闐必已盛弘大乘。今所掘發區域，于闐近傍多大乘經典；而天山北路，小乘夙盛。卑摩羅叉，十誦大師，先在龜茲，弘闡律藏。玄奘《西域記》：「屈支諸國皆說一切有部。」今德人發掘庫車諸地，所得有部律本甚多。可徵六代李唐小乘之學行於天山北路，舊籍所記良不誣也。

「『神異門』正傳及附傳共三十一人，耆域雖號稱天竺人，然其名本印度神醫舊名，此爲假託固不足論。竺佛調未詳氏族，或云天竺人，則其原籍亦在可疑之列。其餘則爲西域人或中國人，或如僧佉之爲外國道人之類。然則此『神異門』中竟無一印度人，可謂奇事，足見天竺僧人來中國之少，固不僅附會以神異事蹟也。」

又云：《續高僧傳》皎公傳云「後不知所終」。據《高僧傳》尾僧果跋，知皎公以梁元帝承聖二年（五五三）避侯景難至湓城，次年（五五四）二月卒，年五十八，葬廬山禪閣寺墓，是慧皎生於齊明帝建武四年（四九七）、魏孝文帝太和二十年，卒於梁元帝承聖三年（五五四）、西魏恭帝元年、北齊文宣帝天保五年也。此節可補《續高僧傳》之闕。(以上俱錄自讀《高僧傳》時之筆記簿。先生蓋欲作「高僧傳箋證」而未及爲之也。)

又，金陵刻經處初印行之《高僧傳初集》卷一第二十七頁，大半頁有行格而無字，實卽卷二之第一頁。先生爲補「卷二」行款及「譯經中」七人目，並補《鳩摩羅什傳》之「鳩摩羅什」至「專精匪」凡三百二十五字。後來金陵刻經處補刊卷二第一頁，殆由先生啓之。

又卷五《釋道安傳》(頁九)：「孫綽爲名德沙門論自云」眉識云：

據《出三藏記集》十五，應作「名德沙門論目」，此誤。

又卷六《釋慧遠傳》：「謂如來之與周孔，發致雖殊，潛相影響，出處成異」，識云：

《弘明集》作「堯孔」，「成」作「誠」。

又《廣弘明集》卷二十、頁十三、「今去釋氏之漸悟，而取其能自」；識云：

「自」殆「至」之譌，待考。又云：頃檢《大正大藏》，「自」乃「至」之誤。

又同卷頁十五「聖學不出六經，六經而得」乙爲「而以六經得」，識云：

麗本「而六經」，當是「而以六經」之譌奪。

同書卷二十一、頁五、「同有非甚閱」、「何爲不可得背」，校云：

閱，麗本作「閔」，是。「背」，麗本作「皆」。

同卷頁七、八「又不知以何稱之」，校云「之乃知之譌」。「靈運白」，校云「白，宋本作自，非。」又同頁後面:「重答謝永書」,校云「永字下當奪一嘉字。」其參互比校,有所發明者尤夥。《高僧傳初集》卷四、頁四、晉中山康法朗傳識語云:

《出三藏集記》七、支恭明《合微密持經記》:「合微密、陀隣尼、總持三本。原注云:上本是陀隣尼,下本是總持微密持也。」高麗本此文「上本」「下本」之「本」字,皆作「子」字。據此,則此二「本」字中,其文初必有一爲「子」字。卽敏度合維摩詰經序所謂「爲本」「爲子」及「瞻上視下」,卽上「本」下「子」之意。高麗本二俱作子,而宋元三本俱作本,皆不解其義而致誤也。《出三藏記集》十一、慧遠《大智論鈔序》:「輒依經立本,繫以問論,正其位分,使類各有屬。」此卽以經爲本,以論爲子,正其位分之位,卽標位之位也。(《高僧傳初集》卷四、頁四)

綜上所述,先生治學方法,用思之細密極於毫芒。雖沿襲清人治經途術,實滙中西治學方法而一之。

其次,有關佛敎史者:

《中觀論疏》:「什師未至長安,本有三家義」,卽本無義、卽色義、心無義。道安主本無(本)宗、深法師主本無異宗、又據中論記:「《高僧傳》中沙門道恒執心無義,只是資學法温之義,非自意所立,後支愍度追學前義,故元康師云,破支愍度心無義,尋末忘本。」又中論疏「此四師卽晉世所立矣」。故道恒支愍度皆祖述法温、楊道安之說,傳正統本無本宗義,卽與後來羅什派之正統三論宗之說同也。(《高僧傳初集》卷四《竺道潛傳》眉識)

又，竺道生傳「宋太祖嘗述生頓悟義」眉識云：

《出三藏記集》十五、道生傳云：「初沙門法顯於師子國得彌沙塞律胡本，未及譯出而亡。生以宋景平元年十一月於龍光寺請罽賓律師佛大什執胡文、于闐沙門智勝爲譯，此律照明，蓋生之功也。」檢嚴可均《全宋文》王微著述内未收道生傳，想已久佚矣。

劉義諡爲太祖文皇帝，其父劉裕諡爲高祖武皇帝，蔣維喬《中國佛教史》卷一第六十頁云：「《高僧傳》以此問答在太祖武帝時，自年代考之，道生示寂在元嘉十一年，太祖時道生尚存，太祖或係文帝之誤。」蓋誤以武帝爲太祖，《高僧傳》本不誤，實蔣氏之誤也。(《高僧傳初集》卷七、頁十一)

又，佛教史之涉及「僧正」者：

什公以弘始三年末入長安，僧䂮之爲僧正，必在弘始四年之後，據《魏書・釋老志》，皇始中法果已爲沙門統，皇始共三年，其三年卽秦姚興皇初五年，亦卽弘始元年之前一年，可知僧官之設，必尚先於此時。蓋「沙門統」或「僧正」，名稱雖殊，其爲掌治僧徒之官則一也。(《高僧傳初集》卷六、頁二十、《晉長安大寺釋僧䂮傳》)

再其次，有關於考史者，竺法汰傳識語云：

《晉書》九十九《桓玄傳》：「溫甚愛異之，臨終命以爲嗣，襲爵南郡公。年七歲。」案桓溫卒於晉孝武寧康元年七月，則玄之生當在帝奕太和二年，卽西曆三六七年，上距道恒辨論之歲(永和十年或稍後)，已十二三年，而後來玄與王謐仍辨此義，則是玄必傳受有所從來，而「心無之義，於此

而息」之語，並非事(實)可知矣。(《高僧傳初集》卷五、頁十一。「實」字審文義補)

又，考史而兼及語言者，釋法藏傳：「藏在末行，出衆獨立，作鮮卑語答。」識語云：《魏書》百三《匈奴宇文莫槐傳》：「出於遼東塞外，其先南單于遠屬也。世爲東部大人，其語與鮮卑頗異。」寅恪案，法藏潁川人，亦能鮮卑語，所習必與北魏、高齊時之鮮卑語同，而周武帝能通解，則所異亦不甚大也。(《高僧傳二集》卷二十三、頁七。下並附著：《顏氏家訓·教子篇》、《隋書》三二《經籍志》經部小學類、《日知錄》二九國語條、《魏書》九一《鼎崇傳》、《魏書》十三《皇后傳》宣武靈皇后胡氏傳、《北齊書》二十《斛律羌舉傳》、《北齊書》二一《高昂傳》、二四《孫搴傳》、三九《祖珽傳》等目備參考。似先生於「鮮卑語」問題曾欲有所論述。)

先生於此書，時用密點、圈以識其要。書眉、行間，批注幾滿，細字密行，字細小處，幾難辨識。就字迹、墨色觀之，先後校讀非祇一二次，具見用力之勤劬。而行間、書眉所注者，間雜有巴利文、梵文、藏文等，以參證古代譯語，皆樞所不識，不敢贊一辭也。

先生所校讀書，多不記時日，僅知在還居西院後，於佛經用力最勤而已。即以字迹細小觀之，必在一九二七至一九三五一段時期内。故綜系本年。

居西院時，有「與湯用彤書」，語及《僧傳》之法和。并囑湯代借《太平經》。惜先生原書已不存。僅存湯第一次信稿，乃接先生明信片時覆信。(按，先生留美時已識湯。湯此時爲北大哲學系教授)

寅恪兄道席：惠片敬悉。所謂《太平經》傳授之記載，係出於該書之後序，首敍于吉、帛和等，中言及陶隱居，後言及陳宣帝時智響法師。《雲笈七籤》曾載陳之響法師事而謂爲「近人」所言，因此弟以爲此序出世頗晚。吾兄言於此有攷證，必有卓見，甚盼見教。後序全文，緩數日當鈔呈。關於《太平經》之眞僞，最確切之證明，當在其中所記之曆數，惜弟於此不懂，願兄暇時加以檢討也。如此經非後人僞託，疑其中曆法必與緯書所用者相同也。又班書東方朔爲武帝陳泰階六符，應劭云，黄帝泰六符經曰：泰階者，天之三階也。……三階平……是爲太平（此段弟前所未見，故未引及）。其所根據理論，與《太平經》之理論相同，可見太平之義來源甚早，而其與天文曆法有甚密切之淵源也。（夏賀良等主張改元爲「元將太初」並增益漏刻，亦與曆法有關）來教指出當注意此點，誠一針見血也。惜弟近日甚忙，否則當出城請教益。專覆順頌著祺，弟彤頓，四月十四。（此信夾在《高僧傳》中，故附此。湯覆此信後，先生又有覆書。惜先生原片及覆信不可得矣。）

本年春，兄隆恪任職廣州粤桂閩區統税局。

陳垣著《西域人華化考》刊成，二月，先生爲作序，略論清代史學之衰落及近來史學發展之新趨勢。與清代經學所由盛及其流弊。序文寄出後，陳有覆書如下：

寅恪先生撰席：大序拜謝。今已刻就呈覽。噉欲谷、托爾斯太二處亦酌改。復校一過，殊不愜意，頗自悔災梨之無謂也。尚乞不吝賜教爲幸。此頌晨安。弟期垣謹上。三月十七日。

牟潤孫《敬悼陳寅恪先生》文有云：「我不是寅老的受業弟子，對陳先生的學問非常佩服！我的老師勵耘先生對他恭維備至，諄諄囑我應當讀陳先生的著作，學他的治學方法。所以我一直以寅老的私淑弟子自居，常稱述他的學說，當然他老人家並不知道。寅恪先生給援庵先生的元西域人華化考作序，序文曾說清代史學衰落不及宋朝，不承認清人對史料或歷史上某一問題所作的考證是完整的史學工作。他極恭維資治通鑑，稱爲中國第一部政治史，而用唐代政治史述論稿作他的書名，就足以知道他老人家所嚮往的是司馬溫公。自己所要作的是史學家。」

二月朔，閩縣陳寶琛弢庵卒於舊京寓所，年八十八歲。散原老人以座師（光緒八年壬午江西鄉試正考官）誼爲作墓志銘。明年三月又爲序《滄趣樓詩集》。

秋，侍父偕兄隆恪、嫂喻婉芬、侄女小從遊西山。兄隆恪《侍大人遊西山八大處同六弟婉芬小從》詩云：「奔車掠影遠衝埃。逐望郊原負郭開。橫嶺如龍猶作健。一庵留命可歸來。陶齋歸來庵在靈光寺內 秋聲空谷風初競。草色斜陽錦欲裁。還探刼餘題壁句。秘魔巖下供徘徊。」又有《得八弟書感賦》詩。

編年文　《李太白氏族之疑問》　《陳垣西域人華化考序》　《元微之遺悲懷詩之原題及其次序》師云此文應刪去不存　《元白詩中俸料錢問題》　《三論李唐氏族問題》　《武曌與佛教》　《李德裕貶死年月及歸葬傳說考辨》　《論韓愈與唐代小說》英文本

民國二十五年丙子（一九三六）　先生四十七歲

仍任教清華。

春，再遊西郊吳氏園，有繼去年之作，題「其二」，詩云：「無風無雨送殘春。一角園林獨愴神。讀史早知今日事。看花猶是去年人。夢回錦里愁如海。酒醒黄州雪作塵。聞道通明同換刼。綠章誰省淚霑巾。」

按：此詩後得，未入《詩存》。吳雨僧於詩後附注云：「蔚秀園在西郊海甸附近，本爲某王府別墅，近爲吳鼎昌買得。原名萃錦園，以海棠名，吳氏改名曰蔚秀園。寅恪此二詩，用海棠典故（如用東坡詩），而實感傷國事世局，初非詠此園或有所應酬也。」

先生自辛未以來，對唐史和唐代詩文，用力特勤。所批注之書除上言《僧傳》外，今僅存新舊唐書。外尚有《昌黎集》，原批校本已不知流落何所，樞曾用影印《宋世綵堂本昌黎先生集》過錄先生所批校，惜何時過錄、當時在何地，已都不記憶。所存新舊兩唐書，（文化大革命中，已送交上海合衆圖書館藏存），《舊唐書》爲竹簡齋本，《新唐書》則中華《四部備要》本也。

先生校治《舊唐書》在先，先後校讀多次。系之本年者，校語中言及有關《秦婦吟》文章事。至所校注《新唐書》，則始於一九三九年，別見後。

先生校治《舊唐書》，仍時用圈點以識脈絡所在。書眉行間，迻錄各方面材料以資參證，并於所錄材料後，申抒己見。茲先言有關校勘者。

卷三、本紀三、太宗上、十八年「十二月辛丑，庶人承乾死」眉識云：

是年十二月辛丑朔，而承乾死於十二月壬寅，蓋辛丑下有奪文，誤連之也。

又卷八、玄宗本紀上、二十二年「遣侍中裴耀卿充江淮河南轉運使」眉識云：

《通鑑考異》云：舊紀作「充江淮江南回造使」，檢岑文本校勘記亦無「回造使」之文，俟考。唯《新唐書》六二《宰相表》中「開元二十二年八月耀卿爲江淮江南回造使」，蓋本之實錄。此皆爲前人所未注意者。

又卷六十六、房玄齡傳「尋以撰高祖太宗實錄成，降璽書褒美」眉識云：

當乙作撰高祖實錄成，太宗降璽書褒美。

又有勘正舊校之違於史者，卷一百二十一、僕固懷恩傳，副將范志誠說之曰「功成而不見容，二臣以走誅。懷恩然之」語，眉識云：

殿本考證云，「功成而不見容，二臣以走誅句疑有誤。《新書》云，二臣功高不賞，瑱已及誅，文義較明。」寅恪案，「走」，似指李光弼；「誅」，似指來瑱。新書每遇原文不易解輒改之，舊書所載者爲原文，恐非句有誤也。

又《舊唐書》卷一百九十九上、日本國傳「元和元年日本國使判官高階眞人上言」眉識：

元和「元」字誤。《新書》二百二十《東夷傳·日本傳》作「歷二十餘年」，是也。若如此本誤作「元和」（樞按，聞人詮刊本、殿本俱作「元和」，是其誤已久），則自貞元二十年至元和元年，爲時至短，豈非速成師範速成班耶？呵呵！

由此具見先生在校訂古籍時之風趣。又，先生所用竹簡齋本，原係用殿本作底本，由於改爲小字密行，不得不將殿本剪裁粘貼，以備照相影印。剪貼時有致誤至極可笑者，如卷一百三十《李泌傳》「即時請對，盡以城章中欲論事件，一一先自解。及城疏入，德宗以爲妄，不之省。泌與右補闕翰林學士梁肅友善，嘗命繁持所著文請肅潤色」一段文字，誤如下：

即時請對爲妄不之省泌與右補闕翰林學士梁肅友善嘗命繁盡以城章中欲論事件一一先自解及城疏入德宗以持所著文請肅潤色

先生將此段誤文爲之乙正如前，眉識云：

石印書之譌誤有如此者！可歎可歎！此版本之學所以不可不講也。

此爲校本書中最突出之例，故附錄如上。其他零星校誤處甚多，不具錄。

此外，有考辨史事者，有以詩證史者，復有論及《舊書》本身之譌誤者，分別錄之。

一、卷一《高祖本紀》首，識語云：

李綽尚書故事云：「高祖太武皇帝本名與文皇同上字，後乃删去。嘗有碑版，鑿處俱在。太武是陵廟玉冊所稱，神堯乃母后追尊。顔公嘗抗疏極論，爲袁傪所沮而寢。」據此，則李淵當是字世淵，北朝人名此例甚多，亦足徵李氏習於胡俗，不避父諱也。

巴黎國民圖書館藏敦煌寫本唐忌辰表：「皇六代祖景皇帝皇后梁氏，五月九日忌。」

《金石萃編》四十、有大業元年大海寺唐高祖造象記，只題「鄭州刺史男世民云云」，未記高祖之名。又有大業二年五月八日立唐高祖爲子祈疾疏，題爲「鄭州刺史李淵爲男世民因患病先於此寺求仙云云」。但據《未齋金石刻考略》云：「石廣尺許，在鄠縣草堂寺，非元石，乃元寺僧重刻，未佳。」然則不能據今本以斷定其有無竄改可知也。

二、卷五十二后妃傳下、《穆宗貞獻皇后蕭氏傳》：「福建人；……太和中，太皇太后居興慶宮，寶曆太后居義安殿，皇太后居大內，時號三宮太后。」眉識云：

鍾輅《前定錄》李生條，有「懿安太后，宣宗幽崩」之語。圓仁《入唐求法巡禮記》四：「會昌四年八月中，太后薨。郭氏太(和皇)后緣太后有道心，信佛法，每條疏僧尼時，皆有詞諫。皇帝令進暴酒而藥殺矣。又義陽殿皇后蕭氏，是今上阿孃，甚有容，今上召納爲妃。而太(皇)后不奉命，天子索弓射煞，箭透入胸中而薨。」義陽，疑卽義安之譌。太和爲文宗之年號，而文宗后氏族事迹無攷。若指憲宗懿安皇后郭氏，則郭后薨於宣宗大中元年，圓仁所記，適當會昌時，斷無預書之理。蓋因穆宗恭僖皇后王氏(敬宗母)崩於會昌五年正月庚申，誤以爲懿安耳。

在會昌中崩者，一爲穆宗恭僖皇后王氏，卽敬宗母；一爲穆宗貞獻皇后蕭氏，卽文宗母。蕭太后號積慶太后，王太后號義安太后。《新唐書》八《武宣二宗本紀》書王太后崩皆曰皇太后崩，故圓仁誤指爲憲宗懿安皇后郭氏。

三、卷七十二《虞世南傳》引太宗語「但吾纔弱冠舉義兵，年二十四平天下，未三十而居大位」，眉識云：

此言「弱冠」，殊確。蓋太宗生於隋開皇十八年戊午也。而《新書》採《貞觀政要愼終篇》，有十八舉義兵之語，致吳縝之誤計。然吳兢亦只謂年十八經營王業，或可作隨軍救突厥雁門之圍解邪？然本書太宗紀，又明言起義時爲十八，則與《政要》之説又同，蓋本於實錄之説也。隋開皇十八年爲西曆五九八年，大業十三年爲六一七年，適爲二十年，故應作「年纔弱冠」也。高祖爲太原留守，爲隋大業十三年，太宗年二十，故曰「纔弱冠舉義兵」也。太宗年二十四，卽武德四年，平充竇年也。武德九年八月卽帝位，年二十九，故曰「未三十而居大位」也。《唐會要》一、帝王門亦同本書二太宗紀，載太宗生於隋開皇十八年十二月戊午。

四、卷一百二十九《韓滉傳》：「滉上言，吐蕃盜有河湟……收復河隴二十餘州，可翹足而待也。」眉識：

據此奏，可知貞元以來，吐蕃所以漸弱之故。須與《吐蕃傳》、《南詔傳》、《韋臯傳》並觀，乃第一等史料也。

寅恪案：劉昌本劉玄佐部下大將，以玄佐兼西北等道兵馬副元帥，以昌率兵臨邊，卽依韓滉計畫，復河隴之豫備也。而昌軍將出五原，卽有沮却之事，雖勉強成行，其將士之無心規復舊疆可以見矣。至《昌傳》盛言其在西邊十五年之政績，不過「強本節用，軍儲豐羨」，則其無拓土復境之功可知矣。

其他有關「德宗時之黨爭」、「莊恪太子納妃」等項，皆有獨見，不備錄。

其次，有關「以詩文證史」者，卷十七上、《敬宗紀》「湖南觀察使沈傳師奏：『當道先配吐蕃羅沒等一十七人，準赦放還本國，今各得狀不願還。』從之。」眉識云：參《韓昌黎集》十、貶潮州「武關西逢配流吐蕃」七絕，所謂「湖南地近得生全」者也。

卷七十一《魏徵傳》「後數日太宗夜夢徵若平生，及旦而奏徵薨。」眉識云：白氏新樂府《七德舞》有「魏徵夢見天子泣」之句及注，而今《貞觀政要·任賢篇》及他篇俱不載，恐是戈氏刪去。若白詩本於吳書，而吳又本之太宗實錄，此事頗要，似吳必取之入《政要》也。

卷一百四《高仙芝傳》：「仙芝乃分爲三軍：使疎勒守捉使趙崇玭統三千騎趣吐蕃連雲堡，自北谷入。使撥換守捉使賈崇瓘自赤佛堂路入。」眉識：《全唐詩》十九函張祜詩二、《聽簡上吹蘆管七絕》三首之三云：月落江城樹繞鴉。一聲蘆管是天涯。分明西國人來說，赤佛堂西是漢家。（樞按，《唐書》中載外族人稱唐爲漢，例甚多）

卷一百九十五《迴紇傳》元和八年十二月「先是迴鶻請和親，憲宗使有司計之……其月，敕太和公主出降迴鶻。」眉識云：《雲谿友議》「戎昱條」（按卽卷下「和戎諷」條，先生就記憶節錄之也）云：「憲宗朝以北狄頻侵邊境，大臣奏議和親有五利而日無千金之費。帝曰，比聞有一卿而姓氏稍僻，是誰？侍臣對曰，此是戎昱詩也。帝悅曰，朕又記得《詠史》一篇，此人若在，便與朗州刺史，武陵桃源，足稱詩人之興詠。其《詠史》詩云：『漢家青史內，計拙是和親。社稷依明主，安危託婦人。豈能將玉貌，便欲靜胡塵。地下千年骨，誰爲輔佐臣？』」

寅恪案：朱子以歐陽永叔「玉顔自古爲身累，肉食何人與國謀」爲絶大議論。其實戎昱詩已先有此言矣。後來石晉及宋仁宗朝富弼之不肯以女婚契丹，亦此意也。

卷一百六十《劉禹錫傳》「太和二年自和州刺史徵還，拜主客郎中」。……「六月授蘇州刺史，就賜金紫。秩滿入朝。授汝州刺史。遷太子賓客，分司東都」眉識云：

據劉集二十二《舉姜倫自代狀》注「東都尚書郎省太和元年八月十四日」，則此傳「太和二年」之「二」字，應改作「元」字。但其所以作二年者，實誤於夢得再遊玄都觀絶句序末「時太和二年三月某日」之語，而不知夢得此詩作於自和州徵還之次年春間，故從元和十年數至太和二年爲十四年也。劉集《歴陽書事七十韻》詩序云「長慶四年八月余自夔州轉歴陽」(此詩見外集卷八)，可知夢得爲和州其時在長慶四年至太和元年也。劉夢得集四《蒙恩轉儀曹郎，依前充集賢學士舉韓湖州自代，因寄七言》「暫入南宮判祥瑞，還歸内殿閲圖書。」又集二十二《舉姜補闕倫自代狀》：「蒙恩授尚書主客郎中，分司東都。」蓋「主客郎中分司東都」爲一事，時在太和元年。次年轉禮部郎中集賢學士，實因裴度之爲集賢大學士之薦而入長安，重遊玄都觀，去昔日元和十年之遊凡十四年。

又曰：六月之「月」字，疑「年」字之誤。據劉集十九、二十、《蘇州謝恩表》注，知「六月」爲太和六年十月。「六月」字誤。餘詳錢大昕《十駕齋養新録》六、「劉禹錫傳誤」條。

據《劉夢得集》二十二《蘇州舉韋中丞自代表》固非六月也。白香山《開元寺餞別劉蘇州》詩(此詩未查得在白集何卷。豈指《長慶集》卷六十九《雪夜小飲贈夢得》「共對蕭條雨雪天」之句？其詩正會昌元年冬作也)亦有大雪天之語,「月」字當爲「年」字之誤也。

先生生平甚重視「比較語言學」,《與劉叔雅教授論國文試題書》中已見其義。《舊唐書》中,間見「唐家子」一詞,先生每標其目上方。卷一百九十四《突厥傳上》《默啜傳》「暾欲谷曰,不可。突厥人戶寡少,不敵唐家百分之一。」眉識云:

此突厥文「唐家子」之同字歟？待考。《新書》刪「家」字,殆以不雅而去之。於此益可見其爲俗語矣。

又卷一百九十五《迴紇傳》「可汗是唐家天子女壻」「可汗曰,我聞唐家已無主,何爲更有敕書？中使對曰,我唐家天子雖棄萬國……」眉識云:

唐家二字,《新書》刪。新書之刪去,足徵其爲當時俗語,與闕特勤碑突厥文合。

此處兩「唐家」,《新書》亦刪「家」字。

此類較少,故附識於此以見義。

此外,則訂正本書中誤處者。卷八十七《魏玄同傳》:「州郡掾吏督郵從事悉任之於牧守。爰自魏晉始歸吏部。遞相沿襲,以迄於今。」眉識云:

州郡掾吏之歸中央政府選任,始於北齊,至隋而成一固定制度,非起於魏晉時也。玄同之言不確。

卷一百二十一《僕固懷恩傳》:「僕固懷恩,鐵勒部落僕骨歌濫拔延之曾孫。」眉識:

據其世系,則懷恩乃歌濫拔延之孫而非曾孫。下文懷恩廣德元年八月二十三日上書,自敍功伐,有「爰自祖父,早沐國恩」之語,則懷恩自是拔延之孫也。

卷一百六十二《張正甫傳》:「五年,檢校兵部尚書太子詹事。明年以吏部尚書致仕。」眉識云:

據本書十五憲宗紀,「元和八年冬十月己巳,以蘇州刺史張正甫爲湖南觀察使。元和十二年八月戊辰,以同州刺史張正甫爲河南尹。」及《元氏長慶集》十九《陪張湖南宴望岳樓稹爲監察御史張中丞知雜事》詩,則本傳譌脫多矣。「五年」不知何指,决非元和五年,俟考。

卷一百七十七《劉鄴傳》:「奏論之曰:故崖州司戶參軍李德裕……孤骨未歸於塋兆,一男又沒於湘江,乞聖明俯垂哀愍,俾還遺骨,上弘錄舊之仁,下激徇公之節。詔從之。」眉識云:

李德裕於大中六年已歸葬洛陽,故此疏乃僞造也。

此外,尙有據本書資料糾正《新唐書》誤改之失者。卷一百四十八《裴垍傳》:「先是天下百姓輸賦於州府,一曰上供,二曰送使,三曰留州。建初中定兩稅時,貨重錢輕,是後貨輕錢重,齊人所出固已倍其初征,而其留州、送使,所在長吏又降省估,使就實估,以自封殖而重賦於人。及垍爲相,奏請天下留州送使物一切令依省估。其所在觀察使仍依其所莅之郡,租賦自給,若不足,然後徵於支郡,其諸州送使額悉變爲上供。故江淮稍息肩。」眉識:

《通鑑》二三七「元和三年九月丙申以戶部侍郎裴垍爲中書侍郎同平章事」條胡注:「省估者,都省所立價也。」《陸宣公集》二十二《均節賦稅恤百姓六條》第一之「增長本價」,即「虛估」。又折價,卽第一條末所謂「諸州府送稅物到京,但與色樣相符,不得虛稱折沽」者是也。「其二請兩稅布帛不計錢數」云:「自定兩稅以來,……又增虛估。廣求羨利,以贍庫錢。」

本書一百十九《崔祐甫傳》附(嗣子)植傳云:「時皇甫鎛以宰相判度支,請減內外官俸祿。植封還敕書,極諫而止。鎛復奏諸州府鹽院兩稅榷酒鹽利匹段等加估定數,及近年天下所納鹽酒利擡估者,一切徵收。詔皆可之。植抗疏論奏,令宰臣詔植宣旨嘉諭之。物議罪鎛而美植。」

本書一七七《崔愼由傳》附崔從傳:(元和)「四年三月召拜檢校左僕射兼揚州大都督府長史御史大夫,充淮南節度副大使,知節度事。揚府舊有貨麴之利,貲產奴婢交易者皆有**貫律**,羊有口算,每歲收利以給用。從悉除之。舊制,官吏祿俸有布帛**加估**之給,節度使獨不在此例。從至,一例折估計之。」揚州「貫律」,乃承南朝之舊。「加估」,則天寶後地方官俸之通例也。

寅恪案:此「加估」卽「虛估」也。而《新唐書》一一四《崔融傳》附《崔從傳》,作「官吏俸帛加倍以給,獨節度使則否,從皆與之同。」宋子京殆不解「加估」之義而誤易文句也。舊傳本意,舉此例以見從之清廉;若如新傳所改,是從爲好利增己俸矣。(《新書·崔融傳》附《崔從傳》眉識云:「加估」之義同「虛估」,子京不解,故有此誤。參《舊書·崔愼由傳》。)

先生批校《昌黎先生集》用何本,已忘之。書眉錄沈欽韓說最多。間亦錄陳景雲、陳少章「胡承珙云」。抒己見者甚少。茲錄一條，藉見先生讀此集時之傾向而已。《昌黎先生集》卷二十、《送董邵南序》眉識：

論唐代河北藩鎮問題，必於民族及文化二端注意，方能得其眞相。在大唐帝國版圖以內，實有截然不同之二分域。《樊川集》玖《故范陽盧秀才墓誌》云：「秀才盧生名霈，字子中。自天寶後三代或仕燕，或仕趙，兩地皆多良田畜馬。生年二十，未知古人有曰周公、孔夫子者。擊球飲酒，馬射走兔，語言習尚，無非攻守戰鬥之事。」《通典》四十「職官典」末載杜佑建中時所上省用議，略云：「今田悅之徒並是庸瑣，暴刑暴賦，惟恤軍戎；衣冠士人，遇如奴虜。」此可以代表河北社會通常情態。其尚攻戰而不崇文教，質言之，即漸染胡化深而漢化淺也。當時漢化之中心在長安，以詩賦舉進士致身卿相，爲社會心理羣趨之鵠的。故當日在長安文化區域內，有野心而不得意之人，至不得已時，惟有北走河朔之一途。昌黎送董邵南遊河北一文，足闡明長安與河北政治文化對立之形勢，而退之不以董邵南河北之行爲然之意固極明顯也。據前引「語言習尚無非攻守戰鬥」之句，及此序「風俗與化易移」之語，可知當時河北社會全是胡化，非復東漢魏晉北朝之舊矣。

長安天子與河北鎮將爲對立不同之二集團首領，觀末段語可知。又《全唐詩》十函李益小傳（參新舊《唐書·李益傳》、《唐詩紀事》三十、《全唐詩話》二）：「李益字君虞，姑臧人。大曆四年登進士第。授鄭縣尉，久不調，益不得意，北遊河朔，幽州劉濟辟爲從事，嘗與濟詩，有怨望語。憲宗時召爲秘書少監集賢殿學士。自負才地，多所陵忽，爲衆不容。諫官舉幽州詩句，降居散秩。」考益獻劉濟詩云：「草緑古幽州，鶯聲引獨遊。雁歸天北畔，春盡海西頭。向日花偏落，馳年水不流。感恩知有地，不上望京樓。」據此可知雖已登進士之李益，以不得意之故，猶去京洛而北走范陽，則董邵南之遊河北，蓋是當日社會常情而非變態。於此益見大唐帝國之後半期，其中含有兩獨立敵視之集團，而此二集團之統治階級，其種族文化亦有不同之點在也。（下略。參舊印本《唐代政治史述論稿》頁二一）

編年文　《桃花源記旁證》此文去冬作　《東晉南北朝之吳語》　《讀秦婦吟》此文後改題曰《秦婦吟校箋》　《府兵制試釋》　《李唐武周先世事蹟雜考》

民國二十六年丁丑（一九三七）　先生四十八歲

春夏間仍任教清華。

五月二十三日（陽曆六月五日）三女美延生於北京協和醫院。

七月七日，盧溝橋事變發生。七月二十八日京郊有激烈戰事，當夜二十九軍撤退。八月八日正午日軍入城。津沽亦淪陷。舊都人心惶惶。（據師母所記）

日軍既入北平，散原老人終日憂憤，疾發，拒不服藥，舊曆八月初十日棄世。（日期據辛卯《有感》詩

自注）享年八十五歲。（《傳略》所記十一月，當指陽曆）

第七次交代底稿：「七七事變，北京淪陷。八十五歲的老父親因見大局如此，憂憤不食而死。」

按：汪旭初東有《義甯陳伯嚴丈挽詩》四首，自序云：「二十六年秋，倭陷北平，欲招致先生，遊說百端皆不許。詗者日伺其門，先生怒，呼傭媼操篲逐之。因發憤不食五日死。」（錄自汪旭初《寄庵隨筆》。小從云「呼傭媼」句不實。）

《散原精舍文集》十七卷，當係在老人逝世後諸子集聚時編定。直至民國三十八年八月，始由上海中華出版。惜所謂待刊之別集，不復可見矣。

文集總目後識語云：「先君於光緒八年壬午鄉舉後，丙戌會試中式。是年未應殿試，己丑成進士，以主事分吏部行走，未幾即引去。嗣侍先祖中丞公湘撫任內，鋭行新政，網羅人才，多所贊畫。戊戌政變，中丞公獲譴，先君亦坐是革職。庚子回鑾，詔與先祖一併開復原官。宣統初年，迭徵不出。壹意肆力詩古文辭，遂爲世所宗仰。先君壯歲所爲文，多與湘陰郭筠仙侍郎嵩燾、湘潭羅順循提學正鈞輩往復商榷，故去取獨謹。今集編次，率依年手訂。其所未載者，除經離亂散失外，胥入別集待刊。男隆恪寅恪方恪登恪敬識

先生料理父親喪事，於滿「六七」後，攜家倉皇逃離北平。幾經展轉、艱困，得至長沙。

師母「避寇拾零」：「一九三七年十一月三日早，我們攜三小女及王媽、忠良等購得快車票出京。送行者有大嫂、大姐、蹇華芬等，別時傷心幾哭出聲。幸車站漢奸檢查不嚴。車行甚快。到津住

六國飯店。到天津者，以過了萬國橋才算出了鬼門關。天津東站，俗呼老隆頭者，出此亦頗不易。我們一家總算僥倖平安出來，但幾乎擠散。我和寅恪各抓緊一個大小孩。（流求九歲小彭七歲）忠良照料小件行李。王媽抱着才四個多月的小美延。當時必須用力擠着前進，一家人緊緊靠攏，深恐失散。直到住進租界，不見日本鬼和太陽旗，心中爲之一暢。但未達目的地，身心俱不安定。從葉企孫處領到部分薪水作路費。擇定乘英商船濟南輪南下。由紫竹林搭大汽車至大沽口外上船。王媽決意跟我走，而忠良則必須回家（照料家事）不能南行，送我們上船而別。忠良在我家工作已過十年。同行者有袁復禮先生（未帶家眷）、毛準先生，及北大某教授家眷同船。一到青島，當夜已十二點多，搭夜車離開青島，爲方便計，由青島站購聯票直去長沙。（當時已在長沙準備復校上課，希敎師同學們快到長沙）但一到濟南，風聲甚緊，形勢大變，商店閉門，哄傳『日本鬼子就要來，我們都要逃走啦！』大批人爭着逃難，誰也不知走向何處是好。火車停開，已無所謂班次，見車就上。趕到車站，人山人海，擠着要上一列車，東西觀看，人滿得擠不上車。幸虧劉清揚先生眷屬已先上車，幫助我們每個人由窗口爬進。他們還讓給我們三個座位。我們在青島買的是頭等臥車票，一家連同王媽三個大人三個小孩，却得到三等車廂中三個座位。除吃奶小孩外，兩個大小孩擠睡在地上。三個大人只得筆直地坐着，轉動亦不容易。經歷將近二十四小時才到徐州。幸天在下雨，沒碰上敵機的轟炸掃射。夜間十點轉上隴海路去鄭州的火車，幸天仍在下雨，平安到了鄭州。在鄭州總算上了節破爛的頭等車，得安睡一夜。隔壁的毛先生不肯關門睡覺，手提箱不翼而飛，所謂『不聽好人言，吃虧在眼前』者。到了漢口，旅店內休息半日，即搭粵漢車往長沙。碼頭上不知受了多少氣。渡江時風浪很大，氣又下雨，歷盡了艱辛。十一月二十日夜到了長沙，天仍在下雨，幸先發電，有人來接，得以住在親戚家張宅，到時已在深夜了。」（節引師母所記）此行先生本想乘輪船直去上海或香港再轉長沙，後來爲得求快，在青島登陸。結果反拖延了近二十天，嘗盡了苦痛，見當日的混亂有如此者。

未幾，由於時局變化，清華大學臨時校址又決定遷往雲南。於是先生挈全家再登程南行。

流求筆記：「我家只得繼續登程，離長沙時已經霜凍。經衡陽搭長途汽車，星夜投宿零陵縣。隨後到達廣西桂林市。桂林是母親祖籍所在，外祖父母早已去世，我們和叔外祖父母敍談僅幾天，又急着趕路，在細雨濛濛中登上了長途汽車，經樂平到達梧州，（廣西大學所在地，李校長原是清華教授，李伯母招待我們吃了頓飯）晚間登上內河江輪沿西江而下，經虎門直達香港。」

抵香港已近春節，師母因沿途勞頓，心臟病發不能再走，先生遂於春節後隻身取道安南、海防，到雲南蒙自西南聯大文學院授課。到蒙自後即染患瘧疾。

流求筆記：「這時香港大學許地山教授夫婦來我們旅館看望，見三妹患病發高燒，許伯母把我和二妹帶到他們家，並代租賃房屋暫住。我家就在這簡單行李和家俱的房子裏渡過逃難後的第一個春節。年後父親必須趕往學校上課；母親則因勞頓心臟病發，體力不能支持，決定先由父親一人取道安南去雲南蒙自。當時蒙自惡性瘧疾猖狂，父親亦未倖免。母親聞知非常焦急。

同時當日貨幣貶值，薪資寄到香港換成港幣後很難維持生活，搬家到九龍城附近福仔道，比較偏僻，房租低廉。和西南聯大沈教授家屬合住，兩家都各擠在一間小房間內。母親心臟病加重，不得不住進醫院。父親遠在雲南，我是家中最大的孩子，剛滿十歲，未能幫父母分憂。母親頑強地戰勝疾病，出院時雖身體稍好，尙未能起床。計算我家在香港先後四年中搬家六次，可見當時生活的一般。」

按：先生逃難出京後損失藏書甚多。第一次交代底稿中談及此事：「抗日戰爭開始時清華大學遷往長沙。我攜家也遷往長沙。當時曾將應用書籍包好託人寄往長沙。當時交通不便，我到長沙書尙未到。不久我又隨校遷雲南，書籍慢慢寄到長沙堆在親戚家中。後來親戚也逃難去了，長沙大火時，親戚的房子和我很多書一起燒光。書的册數，比現在廣州的書還多。未寄出的書存在北京朋友家中。來嶺大時，我自己先來，將書籍寄存北京寡嫂及親戚家中。後某親戚家所存之書被人偷光。不得已將所餘書籍暫運上海託蔣天樞代管。賣書的錢陸續寄來貼補家用。並將書款在廣州又買一些書。」

本年，姪封懷由英回國。任職廬山植物園。

編年文 《逍遙遊向郭義及支遁義探原》《敦煌石室寫經題記彙編序》《狐臭與胡臭》《論李懷光之叛》《庾信哀江南賦與杜甫詠懷古蹟詩》

民國二十七年戊寅（一九三八）　先生四十九歲

春節後，經滇越鐵路到達雲南蒙自（四月至八月在蒙自）。時清華大學已在蒙自與北京大學、南開大學，合併爲西南聯合大學。

有《戊寅春晚蒙自樓居作》七律一首，見《詩存》。此詩原題《殘春》，凡二首，其二云：「家亡國破此身留。客館春寒却似秋。雨裏苦愁花事盡。窗前猶噪雀聲啾。羣心已慣經離亂。孤注方看博死休。袖手沈吟待天意，可堪空白五分頭。」

按：第二首係從吳雨僧日記中錄得。未入《詩存》。

又有《戊寅蒙自七夕》、《別蒙自》兩七絕，均見《詩存》。

入秋後西南聯大又從蒙自遷往昆明。先生隨卽移居昆明。

編年文　《讀通志柳元景沈攸之傳書後》　師云此未成之作。故未編入集中。　《陳垣明季滇黔佛教考序》

《順宗實錄與續玄怪錄》　《讀洛陽伽藍記書後》

民國二十八年己卯（一九三九）　先生五十歲

春，在昆明西南聯大。授「兩晉南北朝史」課。寓靛花巷青園學舍。

「民國二十八年，寅恪先生來到昆明，住在中研院租到靛花巷的樓房上，才有機會朝夕晤對。那時寅恪先生已患目疾，需要時常休息。他曾經和我談到民國初年長沙的事，並說看到過和我父親同曾祖的兩位伯父，神情和我多少有些像。可惜我生長在陝西對湖南情形相當隔膜，因而接觸到的問題不多，不然這也是近代史上很有用的資料。」（勞榦《憶陳寅恪先生》）

有《昆明翠湖書所見》詩。又有《己卯春日弘度寄示新詩有「萬里乾坤百年身世」之句感賦》，俱見《詩存》。

按：本年春初在昆明曾生病。師曾語樞云：「本年在昆明病中作《隋唐制度淵源略論稿》。寄上海商務印書館印行。但此稿遺失。（聞商務香港印刷所在付印前爲日寇燒燬）後史語所友人將舊稿湊成，交重慶商務重印。恐多誤。」

春，先生受英國牛津大學漢學教授之聘。並授予英國皇家學會研究員職稱。是夏，將離西南聯大赴英講學，吳雨僧宴餞先生於昆明市海棠春。

按：吳雨僧《己卯端陽餞別陳寅恪兄赴英講學》詩云：「國殤哀郢已千年。內美修能等棄捐。澤畔行吟猶楚地。雲中飛禍盡胡天。朱顏明燭 用晦聞先生詩意 依依淚。亂世衰身渺渺緣。遼海傳經非左計。蟄居愁與俗周旋。」（此詩流求從吳雨僧女兒處錄得）

今聖歎（筆名）《國寶云亡》文中有云：「先生在戰時應牛津之特聘，主講東方漢學，全歐漢學家雲集於奧格司佛城，女史學家陳衡哲評之曰：『歐美任何漢學家，除伯希和、斯文赫定、沙畹等極少數人外，鮮有能聽得懂寅恪先生之講者。不過寅公接受牛津特别講座之榮譽聘請，至少可以使今日歐美認識漢學有多麽個深度，亦大有益於世界學術界也。』此評不爲時人知，余戰後在上海中研院辦事處後住宅中，親聞於衡哲女士者。」

暑假後離昆明赴香港，擬全家搭輪去英倫。抵港後值第二次歐戰爆發，滯留香港。第七次交代底稿：「彼時接到英國牛津大學漢學教授之聘，將欲啓程，因第二次歐戰爆發，不能去。」

秋九月，自香港重返昆明。有《己卯秋發香港重返昆明有作》詩云：「暫歸匆别（謂夫人唐篔宓註）意如何。三月昏昏似夢過。殘賸河山行旅倦。亂離骨肉病愁多。狐狸埋搰催亡國。雞犬飛昇送逝波。人事已窮天更遠。只餘未死一悲歌。」

按：此詩不見詩集。流求展轉從《吳宓日記》中錄出。

本年九月，在昆明校讀《新唐書》。書後自記云：「一九三九年九月三十日，讀一過。」先生所用爲中華排印本，殆在昆明新購。北平寄出之書既燬於長沙大火，滇越路運出之書又全被盜也。此年後復再三校讀，見當年下。

先生治此書時，已遠不如批校《舊唐書》時之悠閒。流離西南，生活極不安定，且是時目力已不如前。書眉識語雖較舊書爲少，仍多精闢處。今亦不再區分類别，姑依先後迻錄。書中每有簡短識語，如卷十《昭宗本紀贊》識云「不以成敗論人，史家不易有此卓識，歐公可謂特殊之士也。」卷三十四《五行志》論，識云「北宋諸儒，碻有高識。」卷三十七《地理志》：「蓋南北如漢之盛，東不及而西過之」識云：「此點特要，治史者所當留意。」然於宋儒所論未是者，亦不忽之。《新唐書》卷七十八《宗室列傳》贊論引杜佑之論而總結之曰：「救土崩之難莫如建諸侯，削尾大之勢莫如置守宰；唐有鎮帥，古諸侯比也，故王者視所救爲之，勿及於敝則善矣。若乃百藥推天命，佑言郡縣利百姓而主祚促，乃臆論也。」眉識曰：

唐代諸封建文，取通典及柳文合觀可知其大概。而讀柳文者必先以杜書爲之參考也。子京之論，殊爲不然！杜柳之後乃爲是言，可謂無識。

卷八十七《蕭輔沈李梁列傳》《輔公祏傳》：「公祏復遣將馮惠亮、陳當世屯博望山，陳正通、徐紹宗屯青州山以拒戰。」眉識云：

殿本考證：「博望山李靖傳作當塗。青州山舊書作青林山。」寅恪案，博望山在當塗。通鑑一百九十武德七年作青林山。胡注引水經注湖水條釋之，是也。此傳「林」字誤作「州」，而考證無所發明，何也？

又同上卷、同傳，梁師都傳：「因略定雕陰、弘化、延安，自爲梁國，僭皇帝位，祭天於城南，建元永隆。始畢可汗遺以狼頭纛，號大度毗伽可汗解事天子。遂導突厥兵居河南地。」眉識云：

案突厥語：大度，事也；毗伽，解也；可汗，天子也。故「大度毗伽可汗」爲音譯，「解事天子」爲意譯。當時突厥封號中國特起之酋豪，俱如此例。或者誤因可汗天子並稱，謂是二種徽號，遂附會木蘭詩定爲此時作，蓋不知此義所致也。

又，下卷《劉裴列傳》劉文靜傳「又請與突厥連和，唐公從之。遣文靜使始畢可汗。」眉識：稱臣突厥，乃當日崛起羣雄所爲者，非獨唐也。然文靜佐命功最多，實太宗之黨，裴寂則高祖親信，時藉以脅迫高祖，其才智功勳皆非文靜之比也。（按，《舊書·列傳》七、裴寂劉文靜同一卷，但非合傳。）

卷九十三《李靖傳》「御史大夫蕭瑀劾靖持軍無律」，眉識云：考證：「《舊書》劾靖者爲溫彥博」案，《通鑑》定爲蕭瑀，蓋據實錄。彥博是年（貞觀四年）二月已爲中書令，而頡利三月始被擒也。館史臣於《通鑑考異》未嘗參閱，故疏陋如此。（按，《舊書》中，每錄殿本考證以彰其善。並非於考證一概非之。）

卷九十五《高士廉傳》「士廉少識太宗非常人，以所出女歸之。……號曰《氏族志》。而崔幹仍居第一。帝曰：我於崔盧李鄭無嫌……不解人間爲何貴之。齊據河北，梁陳在江南，偏方下國無可重者，故以崔盧王謝爲重。……朕以今日冠冕爲等級高下，遂以崔幹爲第三姓。班其書天下。」眉識云：

太宗之文采特著超其家人者，殆由受士廉之染化，亦如隋煬之於蕭氏也。今本世系表多不與史傳符合，正由因襲家譜自序之舊，未加改正之故也。貞觀《氏族志》，敦煌有傳本，藏北平圖書館。

崔幹，卽崔民幹，見李孝恭傳及《宰相世系表》。崔、盧、王、謝之見重於世，實始於魏晉中原統一之世，非「偏方下國」也。

卷一百二十五《蘇張列傳》張説傳：「字道濟，或字説之，其先自范陽徙河南，更爲洛陽人。……素與姚元崇不平，……説建請一切募勇彊士，優其科條，簡色役，不旬日得勝兵十三萬，分補諸衞，以彊京師。」眉識云：

《太平廣記》氏族類，謂説「婚姻專求山東舊門，人皆惡之」云云，足知燕公非高門。自稱范陽郡望，亦所謂「遙遙華胄」之類耳。説與崇似出兩種不同社會階級，雖俱爲武氏拔擢而不相得，疑其氣類本不相近也。

府兵制之破壞於燕公，亦非偶然之事，蓋宇文泰關中本位集團，實以府兵制爲中心，燕公乃武氏拔擢之別一社會階級，宜其與舊日之統治者所依附之制度不能相容也。若李鄴侯，則關中本位集團之子孫，故主復府兵制度。此俱有主觀傳統之原因，非僅客觀環境之條件也。

卷一百六十三《孔穆崔柳楊馬列傳》馬摠傳贊：「穆崔柳代爲孝友聞家，君子之澤遠哉！」眉識：

六朝士族，初皆以孝友禮法爲重，非必官爵高顯也。此卷穆崔柳諸傳，卽其一例。但此諸族實亦染習武后後新興士族之風，非若鄭覃、李德裕之保存舊習。至楊氏之稱震後，或爲僞託，其家世所出，疑與唐代後起之進士詞科階級同流也。

卷一百七十三《裴度列傳》：「度以韓弘領都統，乃上還招討以避弘，然實行都統事。又制詔有異辭，欲激賊怒弘者，意弘怏怏，則度無與共功。度請易其辭，窒疑間之嫌。……度自見功高位極，不能無慮，稍詭迹避禍。於是牛僧孺、李宗閔同輔政，娼度勳業，久居上，欲有所逞，乃共訾其跡，損短之。」眉識云：

《舊書》一百七十度傳，載楚所草制元文「以剪其類」，即此所謂「激賊」者；「更張琴瑟」，即此所謂「怒弘」者也。參本書一六六令狐楚傳。（楚傳眉識：據本書一七三《裴度傳》，則制詞有「激賊怒弘」之嫌。）

考證：「臣酉按舊書云，『初王播廣事進奉，度亦掇拾羨餘以效播。後進宰相李牛等不悅其所爲』，其語意竟似牛李以公心惡度者。當以新書爲實。」案蘇詩云：「洛陽相君忠孝家，可憐亦進姚黄花。」觀晉公晚節，不禁爲之嘆息也。

卷一百八十《李德裕列傳》傳末「子燁，仕汴宋幕府，貶象州立山尉」眉識云：

唐自武宗後史料缺略，故此傳末所言多誤。近日洛陽李氏諸墓志出土，千年承譌之事，一旦發明，誠可快也。據發見衞公妾徐氏劉氏墓誌，此傳「象州」當作「蒙州」。舊傳同譌。（按，今僅存「滑州瑤臺觀女眞徐氏墓志銘」稜本，李德裕撰。文中無「蒙州」字，當在劉氏墓誌。）

此據新出材料正史之誤者。前此之《李德裕貶死年月及歸葬傳說考辨》文，即據諸墓誌以證史者。

卷二百七《宦者列傳》高力士傳，於「天下柄不可以假人」識云：「此節取郭湜高力士傳。」於「嗣君未定耶，推長而立孰敢爭」識云：「此節取陳嶽唐統紀。」又「力士善揣摩時勢，候相上下。雖親昵，至當覆敗，不肯爲救力。」眉識云：

力士固武氏舊隸，故每袒武氏。楊貴妃之進，力士有關，故力士亦助國忠排李林甫、安祿山。和糴法出牛仙客，乃李林甫、張九齡柄任黜退之關鍵，曲江與燕公皆武黨，力士之非和糴，蓋復與相干涉。非探索開天朝政黨派之内容者，不足語此也。李林甫之相，亦與武三思女裴光廷夫人有關，特力士受託而不敢爲助耳。見本書一百二十三上《姦臣傳》李林甫傳。

附卷五十三《食貨志》末段識語：

《通鑑》三百十六、天寶十二載秋八月條：「是時中國盛強，自慶遠門西盡唐境，萬二千里閭閻相望，桑麻翳野，天下稱富庶者無如隴右。」寅恪案，此出大唐傳，載當時人户富庶，桑麻翳野。故和糴之法，牛仙客得以用之河湟而有成也。

卷二百一十五上《突厥列傳》突利傳：「頡利之立，用次弟爲延陀設，主延陀部。步利設主霫部，統特勒主胡部，斛特勒主胡薛部。以突利可汗主契丹靺鞨部，樹牙南值幽州，東方之衆皆屬焉。頡利斂取無法，下不附，故薛延陀奚霫皆内屬。」眉識云：

上文云「其别部典兵者曰設」，今觀所列舉之部落，皆非突厥本支，則「别部」之界説定義可推知也。石勒爲匈奴别部，則其族類與匈奴不同明矣。至舊傳以車鼻可汗爲突厥别部，而是阿史那族，殆關係極疏與異族同，故亦可目之爲别部耶？《舊書》二九四上《突厥傳》作「頡利嗣位，以爲突厥可汗，牙直幽州之北。突利在東偏，管奚霫等數十部。」然則霫部乃突厥所管，與此言「步利涉主𩑈部」者微異。然觀頡利以薛延陀等部叛責突利，似舊傳含混之句爲較妥。或者《新書》「東方之衆皆屬焉」之句卽可括薛延陀耶？

又，同卷同傳、車鼻傳「明年，（裴）行儉戰黑山，大破之，其下斬泥孰匐，以首降。禽**溫傅**奉職以還。」眉識云：

舊傳無「溫傅」二字。此「溫傅」二字應衍。《通鑑》唐隆元年無此二字，《會要》九四「北突厥」條亦無「溫傅」字，《舊書》五《高宗紀》亦無「溫傅」字。《通鑑》二百二「調露元年冬十月，單于大都護府突厥阿史德溫傅、奉職二部俱反。」胡注：「阿史德，姓；溫傅其名。奉職，亦一部酋長之名。」《舊書》五《高宗紀》同，《會要》九十四同。

又二百一十八《沙陀列傳》：「又詔（朱邪）執宜（沙陀部族。樞注。）隸李光顏。……長慶初，伐鎮州，悉發沙陀，與易定軍掎角，破賊深州。執宜入朝，留宿衞。……克用募達靼萬人，趨代州，將南道太原……」眉識云：

李光顏忠武之強，殆以沙陀部爲其屬之故也。王永清謂光顏軍乃黃頭室韋，故號黃頭軍。俟考。又云：（李）克用（執宜孫。樞注）客塞下，衆纔數千，益募達靼萬人，則平黃巢前，克用軍中達靼之數已多於沙陀。及大閱雁門，得忻、代、蔚、朔達靼衆三萬騎五千而南，則克用軍中達靼成分甚多也。黃巢之平殊得達靼之力，與敗安史、復都城，得力於回紇者同。

編年文　《劉復愚遺文中年月及其不祀祖問題》　《讀哀江南賦》　《敦煌本心王頭陀經及法句經跋尾》　《劉叔雅莊子補正序》　《隋唐制度淵源論略稿》此文開始於本年冬，一九四〇年四月完稿。

民國二十九年庚辰（一九四〇）　先生五十一歲

春正月，仍在昆明西南聯大爲中文歷史系合聘教授。任「隋唐史研究」、「白居易研究」課。有《庚辰元夕作時旅居昆明》詩，見《詩存》。中有「淮南米價驚心問。中統錢鈔入手空」之句。

三月赴渝，出席中央研究院會議。有《庚辰暮春重慶夜歸作》詩云：「自笑平生畏蜀遊。無端乘興到渝州。千年故壘英雄盡。萬里長江日夜流。食蛤那知天下事。看花愁近最高樓。行都燈火春寒夕，一夢迷離更白頭。」

按：此詩吳鈔本後有附注云：「寅恪赴渝，出席中央研究院會議，寓俞大維妹夫宅。已而某公宴請中央研究院到會諸先生，寅恪於座中初次見某公，深覺其人不足有爲。故有此詩第六句。」吳宓記。

時師母仍臥病香港，暑假後再至港，待赴英時機。既難成行，就任香港大學客座教授。流求記錄：「父親原準備全家一同赴英，後因母親不能勞累，決定一人前往。在香港候船，值歐戰起，地中海不能通航，父親只有暫在香港大學任課，爲客座教授。那時我們住在太子道，離九龍城不遠，乘公共汽車到輪渡，渡海後再轉電車到港大，單程需近兩小時，條件是很艱苦的。」

民國三十年辛巳(一九四一)　先生五十二歲

本年春，曾由港飛渝，參加中央研究院評議會。有《辛巳春由港飛渝用前韻》詩云：「海鶴飛尋隔歲遊。又披煙霧認神州。江干柳色青仍好。夢裏蓬瀛淺水流。草長東南迷故國。雲浮西北接高樓。人間春盡頭堪白。未到春歸已白頭。」(從吳宓日記錄得)

吳宓按：「此詩乃寅恪一九四五年一月在存仁醫院病牀口授宓者。三四句末對未工，抄寫恐有誤。又按，寅恪兩次飛渝，皆爲中央研究院開評議會。」

會後又飛返港，任教於香港大學。

壺公《陳寅恪先生之死》文中有云：「若干年前，陳氏曾一度到香港大學講學，講題是韋莊的《秦婦吟》。此外，在香港大學還有過一次用英文作學術性的公開講演，講題是《武則天與佛教》。」

十二月八號，太平洋事變作。日本人佔領香港，先生離香港大學閑居。

第七次交代底稿：「十二月八號太平洋戰爭又起，時交通阻塞，無法離去。香港爲日本所佔。只好空坐家中半年。」按，師母曾告：「時先生挈家寓香港之九龍太子道洽廬。備歷脅迫艱困。」

流求筆記：「父親仍在做赴英準備，如縫製他素不喜歡穿的西裝。不料一九四一年十二月八日珍珠港事變發生，第二次世界大戰爆發，香港迅即被日軍佔領，一時社會秩序混亂，孤島上生活困難，交通阻斷，學校停課，商店閉門，人心焦慮不安。」

按：如非日本挑起太平洋戰爭，赴英倫之舉或終能成行。先生離北平時，右眼視網膜已發現剝離現象，若得至英倫，眼疾當可醫治痊復。不致終於失明。天歟，際遇之不幸歟？

在港成《唐代政治史略稿》。後在渝印行時易名《唐代政治史述論稿》。原稿序末署「辛巳元旦陳寅恪書於九龍英皇太子道三百六十九號寓廬」。

師昔年曾語樞云：「此年居香港時作《唐代政治史述論稿》。稿成而太平洋事變作。次年壬午攜稿至桂林。鈔改後交商務印行。」

按：先生鈔改後之清寫手稿，本名《唐代政治史略稿》。寫成後寄上海。近始交由出版社將原稿一册退還。是爲先生居港時最完整之墨筆直行手稿。希望將來有人能予以影印。

十二月十四日，校讀《新唐書》第二過。見書後自記。是冬於坊肆中購得商務國學基本叢書本宋李心傳《建炎以來繫年要錄》十二册，排印字既小，且多雙行注，字尤小，於先生此時目力極所非宜。第十二册末有跋云：「辛巳冬無意中於書肆廉價買得此書。不數日而世界大戰起，於萬國兵戈饑寒疾病之中，以此書消日，遂匆匆讀一過。昔日家藏殿本及學校所藏之本雖遠勝於此本之譌脫，然當時讀此書猶是太平之世，故不及今日讀此之親切有味也。丁巳歲不盡四日青園翁寅恪題。」

編年文　《唐代政治史略稿》　《讀東城老父傳》　《讀鶯鶯傳》　《魏書司馬叡傳江東民族條釋證

及推論》此文後又有改訂

民國三十一年壬午(一九四二)　先生五十三歲

春，仍困居香港。有《壬午元旦對盆花感賦》詩，見《詩存》。

流求筆記：「這年春節後，有位父親舊時學生來訪，說是奉命請父親到當時淪陷區的上海或廣州任教。父親豈肯爲侵略我國的敵人服務。只有倉促設法逃出。」

吳雨僧《答寅恪》詩自注亦言：「聞香港日人以日金四十萬圓強付寅恪辦東方文化學院，寅恪力拒之，獲免。」

本年正月，仍校讀《新唐書》。《新唐書》卷一百一《蕭瑀傳》後，有「補表」，錄如下。

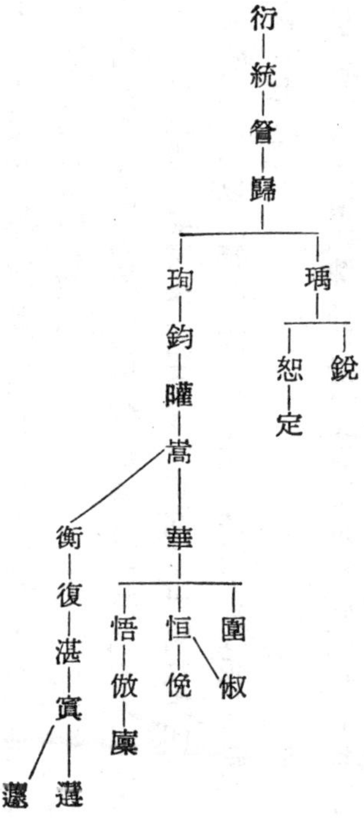

本書七一下《宰相世系表》蕭氏悟行，誤高一格，不合。茲爲補正之如下，以便讀此傳時參考。

壬午正月七日，寅恪讀訖題記。

四月十三日，校讀《新唐書》第三遍完。書後自記云：「一九四二年四月十三日讀一過。此刊本誤字頗多，未及校正也。陳寅恪題記(下鈐「青園居士」陽文方印)。」

後附記：考證：「舊書以完善勝，故司馬氏作《通鑑》往往取之。」按，如紀玄宗立肅宗爲太子事，卽取《新書·高力士傳》。

五月五日由香港取道廣州灣返內地。六月末抵桂林，在桂林留一年餘，任教於廣西大學。

第七次交代底稿：「第二年五月，有船到廣州灣(卽湛江)，我們卽由此路到湛江，轉入內地，到廣西大學任教一年。」

兄隆恪有《聞六弟攜眷自香港脫險至桂林》詩云：「蟬雀相乘刼。恢恢食報纔。窮愁羈我在。辛苦識君來。正氣呑狂賊。聞寇餽米拒不受。餘生息禍胎。危邦占剝復。未許後人哀。」

流求筆記：「帶了簡單行李乘海輪去廣州灣。遇到狂風巨浪，多數乘客暈船臥倒，我也靠在椅上，父親把我拉起，說他像我同樣年齡(十三歲)已經乘海輪東渡留學，最初也是暈船，以後逐步鍛鍊，能在惡劣的天氣和水手同時進餐。這事我至今記憶猶新。」「到湛江後，住進嘈雜擁擠的旅社。與內地學校取得聯系後，又起旱路經赤坎、廉江、鬱林、宿縣。由貴縣換船到桂平，換拖輪到柳州，終於回到逃難初期經過的桂林市。……父親正準備繼續往四川李莊歷史語言所，廣西大學相約講課，我家遂搬進背傍石山的廣西大學宿舍中。時敵機常來擾，經常逃警報。父親曾冒轟炸的危險到粵邊坪石當時的中山大學臨時校址短期講課。」有「清談與清談誤國」和「五胡問題及其他」兩次學術演講，張爲綱記錄稿附本書後。

有《壬午五月發香港至廣州灣舟中作用義山無題韻》詩。又有《予挈家自香港抵桂林已逾兩月尚困居旅舍感而賦此》（吳鈔此詩題目原作：《壬午五月五日發香港七月五日至桂林良豐雁山作略改舊句爲之》）詩。兩詩均見《詩存》。

又按：從吳宓日記中錄得《夜讀簡齋自湘入桂詩感賦》詩，殆曾寄吳而未錄入本集者。錄如下：「我行都在簡齋詩。今古相望轉自疑。只謂潭州燒小刼。豈知楊獠舞多姿。簡齋詩：「楊獠舞吾側。」還家夢破懨懨病。去國魂銷故故遲。誰挽建炎新世局。昏燈掩卷不勝悲。」

又有《壬午桂林雁山七夕》詩，見《詩存》。

本年吳雨僧有《答寅恪》兩絕句詩如下：「喜聞辛苦賊中回。天爲神州惜此才。心事早從詩句解。德名不與世塵灰。　靈光歷刼孤峯秀。滄海横流萬類哀。山水桂林得暫息。相依我正向黔來。時將往遵義浙江大學，後不果行。」

編年文　《朱延豐突厥通考序》　《姚薇元北朝胡姓考序》　《陳述遼史補注序》　《楊樹達積微居小學金石論叢續稿序》

民國三十二年癸未（一九四三）　先生五十四歲

春夏間仍任教廣西大學。居桂林雁山別墅。有《癸未春日感賦》詩云：「滄海生還又見春。豈知春與世俱新。讀書漸已師秦吏。鉗市終須避楚人。九鼎銘詞爭頌德。百年麤糲總傷貧。周妻何肉尤吾累。大患分明有此身。」

秋八月　日由桂林啓程北行，途中備歷艱辛。冬十一、二月間始達重慶。

流求筆記：「一九四三年夏戰火逼近湖南，長沙等地吃緊。迫於形勢，父親決定再帶我們登上艱難漫長的逃難旅程。搭乘貨車由桂林出發，經宜山、金城江進入貴州境。過獨山到都勻後，母親染上痢疾，勉強走到貴陽市後，病情加重，腹瀉膿血。覓得中西成藥，療效很慢。約經月餘，才勉強又登上川黔公路。父親在路上又患病，到重慶後暫住姑母家中休養。」

是時樞與藍孟博同在夏壩復旦，聞先生至渝，寓觀音岩俞宅，約同孟博兄往謁。孟博往購奶粉，僅得三罐。時先生暨師母都在病中。雖稍愈，僅能在牀上倚靠被子坐起。

病稍康復後啓程去成都，抵達時已在十二月底。任教於燕京大學。

第七次交代底稿：「沿途全家患病，走了半年多才到成都。在燕京大學教書。直到抗戰勝利，日本投降第二年復員。在抗戰勝利的前二、三年間，通貨更澎漲，物價飛漲，生活極苦。」

流求筆記：「父親能起床後，搭乘汽車去成都，夜宿內江，次日到成都。父親在燕京任課，我家與李方桂教授家同住在學校租賃的民房。這期間成都燈光昏暗，物價飛漲，間或要躲警報，當生活那樣困難的時候，父親用他唯一的左眼，緊張地從事學術研究和備課。」

編年文　《鄧廣銘宋史職官志考證序》　《陶淵明之思想與清談之關係》

按：上兩文皆作於桂林。

民國三十三年甲申（一九四四）　先生五十五歲

仍任教燕京大學。時内遷成都各大學，都借用華西大學校址，後遂遷居華西壩廣益宿舍。有《甲申春謁杜工部祠》詩，見《詩存》。

流求筆記：「父親常和老師們談論時局，關心戰事。後因上課地點改在華西大學文學院，我家也搬入華西壩廣益宿舍内。父親仍堅持夾着他的布包袱提前走上教室。母親常發心臟病，又愁柴米。」

冬，有《聞道》詩、《阜昌》詩。又有《甲申除夕自成都存仁醫院歸家後作》詩，據吳宓日記中所錄，此詩原題作《病榻作時目疾頗劇離香港又三年矣》。文字亦多不同，錄如下：「雨雪霏霏早閉門。荒園數畝似山村。攜家未知家何置。歸國惟欣國尚存。四海兵戈迷病眼。九年憂患蝕精魂。扶牀稚女聞歡笑。依約承平舊夢痕。」

本年兄隆恪任江西興業公司秘書。

編年文 《以杜詩證唐史所謂雜種胡之義》 《梁譯大乘起信論僞智愷序中之眞史料》 《長恨歌箋證》 《元微之悼亡詩箋證稿》 《白樂天之先祖及後嗣》 《白樂天之思想行爲與佛道之關係》 《論元白詩之分類》 《元和體詩》 《白樂天與劉夢得之詩》 《白香山琵琶行箋證》 《元微之古體樂府箋證》

按：以上文十一篇，皆在成都作。有關元白詩之文九篇後皆收入《元白詩箋證稿》中。時先生生活最困難，亦眼疾日益惡化之時。

民國三十四年乙酉（一九四五） 先生五十六歲

春正月，因生活艱苦，營養很差，左眼視網膜剝離加重，致失明。住進成都存仁醫院，醫生施手術亦未奏效。

小彭筆記：「父親在存仁醫院由眼科醫生開刀。聽父親說，在成都開刀時手術不怎麽理想，視網膜皺在一起，以後雖到英國醫治，已無法再弄平。」

流求筆記：「不料一九四五年春天一個早上，父親突然發現兩眼一片漆黑，失明了。先叫我通知他當天不能上課。隨後住進存仁醫院。手術前後，燕京老師同學們非常關心，很多同學輪流照顧，但身體、生活條件太差，手術後仍不能恢復視力。」

二月，有《目疾久不愈感賦》詩。又有《目疾未瘉擬先事休養再求良醫以五十六字述意》詩句云：「少陵久廢看花眼。東郭空留乞米身。日食萬錢難下箸。月支雙俸尚憂貧」之句。又有《乙酉春病目不能出戶室中案頭瓶供有海棠折枝忽憶舊居清華園寓廬手植海棠感賦》詩，《詠成都華西壩》詩。俱見《詩存》。

四月，有《憶故居詩》并序，師母手鈔詩稿缺序，茲依吳雨僧鈔存稿，補詩序如下：「寒家有先人之敝廬二，一曰崝廬，在南昌之西門，門懸先祖所撰聯，曰『天恩與松菊，人境託蓬瀛』。一曰松門別墅，在廬山之牯嶺，前有巨石，先君題『虎守松門』四大字。今臥病成都，慨然東望，暮境蒼茫，因憶平生故居，賦此一詩，庶親朋覽之者，得知予此時之情緒也。」（後補入《詩存》）詩曰：「渺渺鐘聲出遠方。依依林影萬鴉藏。一生負氣成今日。四海無人對夕陽。破碎山河迎勝利。殘餘歲月送淒涼。松門松菊何年夢。且認他鄉作故鄉。」

宓註：時盟軍攻陷柏林，四月二十七日墨索里尼死，日本勢亦窮蹙。

舊曆五月十七日爲先生誕辰，有《五十六歲生日三絕》其第一首云：「去年病目實已死。雖號爲人與鬼同。可笑家人作生日，宛如設祭奠亡翁。」諸詩均令人讀之悽絕。

七月，有《十年詩用聽水齋韻》四律，既欣張公逸之賫稟，更多身世之感。詩俱見《詩存》。

按此四律吳宓鈔本題作《與公逸夜話用聽水齋韻》，文字與師母鈔稿間多不同，殆爲初稿。

又有《乙酉八月聽讀張恨水著水滸新傳感賦》詩，詩云：「誰結宣和海上盟。燕雲得失涕縱橫。花門久已留胡馬。柳塞翻教拔漢旌。妖亂豫么同有罪。戰和飛檜兩無成。夢華一錄難重讀。莫遣遺民說汴京。」

又有《玄菟》詩，原題作《乙酉秋感事時臥病成都》。見《詩存》。吳雨僧有附注云：「時宋子文與蘇俄訂約，從羅斯福總統雅爾達秘議，以中國東北實際割讓與蘇俄，日去俄來，往復循環，東北終非我有。此詩及前後相關數詩，皆詠其事而深傷之也。宓註。」

八月十日，日本投降。先生喜甚，有《乙酉八月十一日晨起聞日本乞降喜賦》詩，及其他有關詩凡八題，均見《詩存》。

是秋英國皇家學會約赴英倫療治目疾，由成都搭航機去昆明，再經印度乘水上飛機去倫敦。毛子水《記陳寅恪先生》文云：「寅恪由成都赴英倫就醫，過昆明時，我又得和他一晤。他向我和姚從吾談到北大復校後的事情頗多。從這次晤談後我便沒有再見他了。」

第七次交代底稿：「因當時生活困難，以致雙目失明。在成都醫治無效。歐戰已停，英國牛津大學請我去治眼，他們希望我的眼能治好，仍請我留在牛津。因年老體弱，醫治不能滿意，遂回國。」

流求筆記：「抗戰勝利後，由於英國皇家學會的好意，約父親去倫敦治眼疾。父親抱着盡最大努力，希望恢復視力，以完成他幾十年工作的願望。由劉適老師護送一程，乘運輸機到昆明。以後搭伴再換飛機經仰光到倫敦。雙目失明，遠渡重洋，其困難可想而知。感謝那時在英倫的邵循正教授和其他師友常去醫院探視，並代寫家信。雖經再次手術，仍未能治好眼疾。」

小彭筆記：「到英國後，由於第二次世界大戰方結束，營養很差，雖用電針貼合視網膜，由於網膜皺在一起，無法復原。」

有《乙酉秋赴英療治目疾自印度乘水上飛機至倫敦途中作》《乙酉秋來英倫療治目疾遇熊式一君以所著英文小說「天橋」見贈即題贈二絕句》《乙酉冬夜臥英倫醫院聽人讀熊式一英文小說名「天橋」者，中述光緒戊戌李提摩太上書事……》諸詩，均見《詩存》。

編年文　《讀吳其昌撰梁啓超傳書後》四月在成都作

民國三十五年丙戌（一九四六）　先生五十七歲

寓倫敦醫目疾。

春　月，乘輪歸國。有《丙戌春遊英歸國舟中作》詩云：「百尺樓船海氣寒。憑闌人病怯衣單。遠遊空負求醫意。歸死人嗟行路難。蠶食光陰春黯黯。龍吟風雨夜漫漫。人生終古長無謂。乾盡瀛波淚未乾。」

按：此詩師母所編目錄無，據吳鈔稿補。

又有《來英治目疾無效將返國寫刻近撰元白詩》及《大西洋舟中紀夢》詩，有「去國羈魂銷寂寞。徐騎省集李後主挽詩云：「此身雖未死，寂寞已銷魂。」還家生事費安排」之句。

按：先生赴英旅費雖由英國文化協會擔任，仍須多方籌措資用，始得成行。師母以故未克偕往。先生離英歸國，乘輪繞道北美，陽曆四月，舟泊紐約，趙元任先生暨趙師母楊韻卿及往昔清華學生留美者同到船上看望先生。

楊聯陞《陳寅恪先生「隋唐史第一講筆記」引言》：「聯陞在清華經濟系，曾選修先生所授隋唐史，畢業論文從租庸調到兩稅法，亦蒙先生指導。……來美留學之後，一九四六年四月十九日與周一良兄同隨趙元任先生夫婦到紐約卜汝克臨二十六號碼頭停泊之輪舟中探望先生。……先生回國道出紐約，原擬再試醫療，後聞美國名醫，亦無良策，遂決定不登岸。是日午後約三時半，先生在艙內初聞韻卿師母元任先生呼喚之聲，頓然悲哽。但旋即恢復鎮定，談話近一小時。（趙師母《憶寅恪》：「後來他路過紐約，我們特別到紐約看他。他睡在船艙床上，對我說：『趙太太，我眼雖看不見你，但是你的樣子還像在眼前一樣。』這是最後一次見面。」）對一良與聯陞近況垂詢甚詳。……先生又詢及聯陞內兄繆鉞，云曾數度通信。又云回國後擬在南京定居。此爲聯陞在國外拜謁先生惟一之一次，亦爲畢生最末之一次。頃忽然檢得當年（民廿四）在清華園聽先生講隋唐史筆記二册。因錄其第一講大略以爲記念。」

夏　月，至南京。有《南朝》（吳鈔稿原題作《來倫敦醫眼疾無效將東歸至江甯感賦》）《北朝》兩詩，俱見《詩存》。

冬十月，自南京轉滬，由海道返清華。

按：先生由英歸國時，家屬已先至南京。小彭筆記：「四六年父親從英國回國時，媽媽和我們姐妹三人分兩批從四川坐飛機先到南京。父親回國到南京後，我和流求留在南京讀書，美延隨家回北京。」

流求筆記：「一九四六年春，由英倫乘輪船返回祖國。八年抗戰雖已勝利，內戰繼起。父親雙眼完全失去復明的希望，父母心情很沈重。結束了萬里跋涉，回到北京清華大學。作爲盲人教授，在別人的幫助下，繼續做教學與研究工作。」

本年夏樞由陸路出川，抵西安。陽曆十月，由西安搭飛機至寧，停二日，住甥朱子方處。聞師在南京，寓薩家灣南祖師庵七號，急偕甥子方趨謁。自重慶曾家岩謁見後忽忽四年，滄桑更易，相見不自知其悲喜。是時先生身體雖較前稍好，但私感較在渝謁見時已老得多。目疾亦終難恢復。

本年夏，小彭考入南京金陵女大附中。

兄隆恪任南昌郵政儲蓄會業局副理。

編年文　本年無

民國三十六年丁亥(一九四七)　先生五十八歲

在清華。修改前在成都所草元白詩箋證稿諸篇。時助先生工作者爲研究生陳慶華、王永興等。原燕大畢業生程曦時亦在北平。時事日非，眼又不見，名書齋曰「不見爲淨之室」。

有《丁亥元夕用東坡韻》《丁亥春日清華園作》《無題》諸詩，均見《詩存》。

又有《丁亥春日閱(黃濬)花隨人聖盦筆記深賞其遊暘臺山看杏花詩因題一律》詩云：「當年聞禍費疑猜。今日開編惜此才。世亂佳人還作賊。刼終殘帙幸餘灰。荒山久絕前遊盛。斷句猶牽後死哀。見說暘臺花又發。詩魂應悔不多來。」

按：詩稿上師母注「刪」和「不鈔」字樣。今附錄於此。

又有《丁亥除夕作》詩云：「殺人盈野復盈城。誰挽天河洗甲兵。至德收京回紇馬。宣和浮海女眞盟。興亡總入連宵夢。衰廢難勝餞歲觥。五十八年流涕盡。可能留命見昇平。」

是歲寒甚。清華各院住宅本裝有水汀，經費絀，無力供暖氣，需住戶自理。先生生活窘苦，不能生爐火。斥去所藏巴利文藏經及東方語文各書，如蒙古文蒙古圖志、突厥文字典等等，賣與北京大學東方語文系。(此師昔年所告)用以購煤。聞僅一室裝火爐而已。

第七次交代稿：「復員重返清華。天氣很冷，常發心臟病。將所藏最好的東方語言學書籍全數賣與北京大學東方語言學系。以買煤取暖。」

時某報載署名「天鸝」者生查子詞幷序云：「陳寅恪教授賣書買煤，爲之意苦者久之。」詞云：「錚錚國士名，矻矻寒窗苦，生事困樵薪，珍襲歸書賈。燎原戰火燃，斷續炊煙舞，何異又焚書，風教委塵土。」

編年文　本年無

民國三十七年戊子（一九四八）　先生五十九歲

春至冬初，仍在清華。繼續講學及著述。

有《戊子元夕放燄火呼鄰舍兒童數十人聚觀用東坡韻作詩紀之》、《清華園寓廬手植海棠》（題亦作《戊子三月二十五日清華寓園海棠下作》），兩詩均見《詩存》。

先生丙戌返清華時，長女流求、次女小彭，留南京讀書。本年夏，流求畢業於南京金陵女大附中，暑假中考入清華大學生物系醫預科，後轉入上海第一醫學院。小彭本年在金陵女大附中讀滿高三上學期。

本年兄隆恪任上海郵滙總局秘書。

冬，陽曆十二月十五日以戰事迫近平郊，自南苑乘飛機至南京。旋至滬。寓哥倫比亞路十一號俞宅。先生在滬日，曾數度晉謁。

師母回憶錄：「大約是一九四八年冬十二月，因清華大學北邊一帶炮火很密，寅恪攜家入城，暫住在師曾大嫂家中。只一、二夜，又遷入中研院宿舍。當晚有人來說，明晨有一便機往南京，請陳寅恪先生同搭乘。據說是傅斯年打來的電話。次晨即往南苑機場搭此機離開北京。同機除胡氏夫婦外不識者二十餘人。我們在南京只住一晚，即搭夜車往上海，等輪船來廣州。」（紅皮簿最後頁）

小彭筆記：「關於父親乘飛機到上海事，情形是這樣：當時我高中三年級沒畢業，仍留南京。即和姑母，還有康姑，先到上海，住在姑父的弟弟俞大綱家里。姑母和我及其他小孩全來了，姑父仍留南京。以後父親和媽媽、流求、美延四人坐飛機到南京，乘火車到上海。」

有《戊子陽曆十二月十五日於北平中南海公園勤政殿前登車至南苑乘飛機途中作並寄親友》詩云：「臨老三回值亂離。北平盧溝橋事變、香港太平洋戰爭、及此次 蔡威淚盡血猶垂。衆生顛倒誠何說。殘命維持轉自疑。去眼池臺成永訣。銷魂巷陌記當時。北歸一夢原知短。如此匆匆更可悲。」此詩及以後之作，總題曰《南飛集》。

兄隆恪有《六弟自北京避兵南來留滬兼旬之廣州別賦一律》詩云：「危城突走掠風霜。寇亂流離事未忘。又遭銅駝淹草莽。不求金鏡看滄桑。幾年伏櫪心難死。一夢聯床鬢已蒼。莫厭絃歌驚歲晚。披襟好對海茫茫。」（《同照閣詩鈔》）

陽曆一月十六日，由上海乘輪去廣州。十九日抵穗。有《戊子冬復由上海乘舟至廣州感賦》詩，見

《詩存》。

第七次交代底稿：「我和唐篔都有心臟病，醫生説宜往南方暖和之地。我因此想到嶺南大學。抗戰時期南開、清華、北大遷往雲南併爲西南聯大，所以認識陳序經。遂寫信與他，可否南來休養一個時期。一九四八年夏，他回信聘我來嶺大教書。」

小彭筆記：「後來全家乘秋瑾號從上海直接到廣州。嶺南大學派校船到廣州黄埔江口，大船過小船直接到學校碼頭。即住進嶺大西南區五十二號。」

編年文　《徐高阮重刊洛陽伽藍記序》　《楊樹達論語疏證序》　《從史實論切韻》三文均在清華作

陳寅恪先生編年事輯

卷下

己丑　一九四九年　先生六十歲

春，在廣州嶺南大學。兼任中文歷史兩系教授。有《己丑春元旦作時居康樂九家村》詩，有句云：「無端來作嶺南人。朱橘黃蕉門歲新。」所謂「康樂九家村」，嶺南大學宿舍也。

初到廣州時，助教黃如文，廣州人，讀古書資料給先生聽及一般問答，皆用粵語，難盡通解。及北方解放，程曦到廣州，接替黃如文。

程爲先生在成都時燕大畢業學生。北方解放時逃廣州，先生爲位置於嶺南大學中文系任助教。

臺灣僞中央研究院傅斯年屢電催赴臺，不往。

第七次交代底稿：「當廣州尚未解放時，僞中央研究院歷史語言研究所所長傅斯年多次來電催往臺灣。我堅決不去。至於香港，是英帝國主義殖民地。殖民地的生活是我平生所鄙視的。所以我也不去香港。願留在國內。」

陽曆五月二十八日上海解放。

次女小彭隨家到廣州後轉入嶺南大學附中。畢業後考入嶺南大學農學院園藝系。長女流求仍在上海第一醫學院讀書。

本年，姪封懷任教江西中正大學農學院。

本年詩有《己丑清明日作用東坡韻》《己丑送春》《己丑夏日》《哀金源》四題，均見《詩存》。

本年嶺大冼玉清教授《流離百詠》印成，贈先生一份，爲題曰：「大作不獨文字優美，且爲最佳之史料。他日有編建炎以來繫年要錄者必有所取資可無疑也。」《流離百詠》述八年抗日戰爭中逃亡經歷。

陽曆十月一日，中華人民共和國成立。採用公元。

編年文 《崔浩與寇謙之》

庚寅 一九五〇年 先生六十一歲

仍任教廣州嶺南大學。助教程曦。

將前所著有關元白詩各篇，整理爲《元白詩箋證稿》一書，初冬由嶺南大學文化研究室作爲該室叢書之一，印成直行綫裝本。後來又經助教黃萱協助修改，乃交上海中華書局改爲直行平裝普及本。

本年，兄隆恪有《六弟自廣州寄示新篇依韻寄懷》詩云：「同惜家珍撫鏡塵。浮沉南北欲忘身。風霾肯斷傳書雁。火燼餘攜問字人。倚伏天心吾已老。是非蝸角夢能眞。荔枝坐啖臨滄海。知映匡君面目新。」(《同照閣詩鈔》)

按：所和原作疑是《庚寅春日答吳雨僧重慶書》一詩，見《詩存》。

本年詩有《庚寅人日》《庚寅元夕用東坡韻》《庚寅春日答吳雨僧重慶書》《庚寅廣州七夕》《庚寅廣州中秋作》七律一首。目録作「四律」，未詳其故《霜紅龕集望海詩云：「一燈續日月不寐照煩惱不生不死間如何為懷抱」感題其後》《題冼玉清教授修史圖》。以上七題，俱見《詩存》。《庚寅仲夏友人繪清華園故居圖見寄不見舊時手植海棠感賦一律即用戊子春日原韻》此詩原佚，後從別處鈔得《庚寅廣州除夕》。以上二題，佚。

編年文 《魏志司馬芝傳跋》《書唐才子傳康洽傳後》《秦婦吟校箋舊稿補正》

辛卯 一九五一年 先生六十二歲

仍在嶺南大學歷史系任教。 助教程曦因故不願協助先生工作，師母自任助手。有以講師誘程者，程遂堅決不再協助先生做事，雖經校長陳序經婉勸亦不肯。先生遂辭去中文系教職，專任歷史系教授。（據小彭、美延信）

春，《論唐高祖稱臣於突厥事》文成。旋即以嶺南學報抽印本惠寄。師母接任助手後，有「兩晉南北朝史」「唐史專題研究」兩專業課教學大綱。據師母手寫錄出，藉見先生當日教學概況。大綱如下：

一、兩晉南北朝史

此課每周兩小時在課堂講授，兩學期授完。除閱指定參考書外，另編講義分發學生。學生成績以考試分別定之。

二、唐史專題研究

此課在開課之初，先講述材料之種類，問題之性質，及研究之方法等數小時，其後再由學生就其興趣能力之所在，選定題目分別指導，令其自動研究。學期或學年終了時，繳呈論文一篇，卽作爲此課成績，不另行考試。

兄隆恪寓滬。有《春日簡六弟廣州》詩云：「往事如潮那可馴。相望同飾白頭人。深恩繾綣形骸在。浮世喧豗耳目新。瞑據槁梧天照海。醉迷芳草夢扶春。赤貧不拜刀圭賜。自起沉疴玩刼塵。」（《同照閣詩鈔》）

本年，兄隆恪由齊燕銘同志介紹任上海文物管理委員會顧問。

冬，《論韓愈》文成。

本年姪封懷任中國科學院廬山植物園主任。

本年詩有《答曉瑩元旦見贈》《辛卯廣州元夕用東坡韻》《首夏病起》《舊史》《辛卯廣州端午》《丙戌居成都五十六歲初度，有句云「願得時淸目復朗扶攜同泛峽江船」辛卯寓廣州六十二歲生日，忽憶前語，因作二絕，並贈曉瑩》《送朱少濱教授退休卜居杭州》《辛卯七夕》《舊曆七月十七日贈曉瑩》《有感》《答沈得霖陳植儀夫婦》《題與曉瑩結婚廿三年紀念合影時辛卯秋寄寓廣州也》《卜式》《改舊句寄北》以上十五題俱見《詩存》。

《文章》一題，佚。

前目《有感》一詩，題下注：「辛卯舊曆八月初十日。」詩云：「葱翠川原四望寬。年年遙祭想荒寒。空聞白墓澆常濕。豈意青山葬未安。一代簡編名字重。幾番陵谷碣碑完。趙佗猶自懷眞定。慙痛孤兒淚不乾。」

按：散原老人葬牌坊山之原，已見前。審詩意，疑杭州有令遷墓之舉。所記「舊曆八月初十日」，疑爲散原老人忌辰。

又，已編入《詩存》之《廣雅堂詩集有詠海王村句云「曾聞醉漢說祥瑞，何況千秋翰墨林」，昨聞琉璃廠書肆之業舊書者悉改業新書矣》詩云：「迂叟當年感慨深。貞元醉漢託微吟。而今舉國皆沈醉。何處千秋翰墨林。」

又《贈曉瑩》師母七絕二首云：「七載流離目愈昏。當時微願了無存。從今飽吃南州飯。穩和陶詩晝閉門。

扶病披尋強不休。燈前對坐讀書樓。餘年若可長如此。何物人間更欲求。」

按：此詩可見先生當日生活及著述情況，故錄於此。

編年文　《論唐高祖稱臣於突厥事》　《論唐末隋初所謂山東豪傑》　《論韓愈》

壬辰　一九五二年　先生六十三歲

春，師母寄示所作《哭從姊琬玉夫人》五言長詩并序，附錄於此，藉見師母家世及前半生所經歷梗概。

哭從姊琬玉夫人

從姊琬玉夫人家琪，先叔祖學部尚書椿卿公景崇之長孫女，歸吳興徐頌唐君，凡三十五載而歿，年五十有九，時辛卯正月某日也。夫人歿後將一年，始忍痛賦詩四章以哭之，詩中歷述五十年來姊妹之情、家國之感，詞雖不工，事則真實，倘可供異日能文君子傳寫女德關懷世變者之採擇歟？辛卯十二月灌陽唐曉瑩

姊歿將一載，我心長鬱結。遙祭庾嶺外，心傷句難綴。今爲述悲懷，不計我詩拙。姊母殉夫死，姊亦傳其烈。幼孤略讀書，敏慧志高潔。隨祖宦北南，承歡無間輟。辛亥清祚改，尚書謝朝列。移家來天津，重聚慰久別。八姑頻歸省，三人至親切。偶作葉子戲，夜深猶不歇。詎料數年間，祖叔相繼歿。兩爲叔母病，割股痕不滅。朝夕侍湯藥，不顧己摧折。天意終渺茫，人世常虧缺。一門餘弱小，親族誰提挈。輾轉依我母，姊妹更和悅。食饌問饑飽，衣襪念寒熱。喜則同嬉笑，悲亦共哽咽。阿母困校職，瑣事姊拾掇。週末妹返家，美味特備設。暇時約觀劇，歸來還笑說。

姊所最歆慕，十三妹女傑。憂患總相尋，歡愉原易竭。七載樂融融，光陰如電掣。遠聞姊歿訊，悲痛肝腸裂。回憶姊恩深，愧我報獨缺。今欲重相見，幽冥兩隔絕。哭姊姊不聞，心碎淚和血。

其二

姊長歸徐君，門第故相宜。伉儷互敬愛，姑嫂無猜疑。雖未生子女，撫姪過母慈。款客常優厚，奉己無珍奇。家計非素豐，安貧能自怡。親故樂來聚，談諧解人頤。若爲説平話，聽者皆忘疲。閑時偶獨酌，宴席酒不辭。量大總難醉，未嘗失容儀。婦德親友稱，我家亦光輝。豈意十年後，壻病不易醫。殘廢幾廿載，百務姊操持。侍疾連晝夜，終無一怨詞。生事倍艱困，仍不欲人知。我敬姊志節，我爲姊嘆唏。一身備衆德，遭遇如此悲。欲問彼蒼天，何其無是非。

其三

東海颶風至，舊京不可居。妹家將遠行，姊獨來別予。各懷千萬意，相對惟欷歔。我知姊心苦，空言寧可舒。最後僅一語，珍重千金軀。他日寇氛息，姊必返故都。別後走江海，關塞頻馳驅。八載長相念，奈何音信疏。驚聞姊丈歿，姊亦欲殉夫。賴得親友救，可幸尤可吁。不願累親朋，西山自結廬。勤作供衣食，針線代犂鋤。村童或鄰媪，偶與相嬉娱。荒郊守岑寂，悠悠歲月除。雖云志節高，毋乃過清孤。南北阻兵革，歸唔路已無。益使我辛酸，慨嘆將奚如。

其四

乾坤忽清朗，北還促行程。歸來急訪姊，欲敍別離情。賃車到山麓，相見淚縱横。姊已鬢斑白，姊亦容貌更。姊衰復多疾，湯藥誰代營。地僻不易聚，親友遠隔城。迎姊寓我家，所願迄未成。戊子避兵禍，暫作嶺表行。豈知成永訣，抱恨終此生。回首往年事，夜靜夢常驚。驚覺倍悽楚，不忍北望京。我今賦此詩，哀痛莫可名。字字皆是淚，淚盡已無聲。

先生仍任教嶺南大學。九月，開始院系調整。嶺南大學名義取消，原中山大學遷入嶺南大學校舍，而原中大校舍則讓與師範學院。本年六月嶺南學報出版十二卷一期，後即停刊。本年仍由師母協助先生寫作。夏，遷居東南區一號樓上。十一月下旬黄萱開始任助教。黄萱夫周壽愷任先生所居東南區一號樓下。

本年，兄隆恪仍任上海文物管理委員會顧問。夏，有《病榻書寄諸弟》詩云：「不識家鄉各散飛。笑人偪促賦來歸。沈疴已負肱三折。萬語難憑一手揮。禪智山光今日累。匡牀夜雨此生違。荔枝垂實櫻桃熟。更想鯿魚縮項肥。」時先生寓嶺南，登恪任教武昌，故詩云然。

本年詩有《壬辰元夕收音機中聽張君秋唱祭塔》《壬辰春日作》《男旦》《項羽本紀》《偶觀十三妹新劇戲作》《呂步舒》《春秋》《曉瑩生日賦一詩爲壽》《曉瑩祖南注公光緒戊戌間所書詩幅寅恪昔年旅居香江時值太平洋之戰略有毁損今重裝畢敬題四絶於其後其第三第四兩首乃次原韻也》九題存。七題見《詩存》。

《詠校園杜鵑花》《杜鵑花謝後作》二題，佚。

《春日作》有:「芳時已被冬郎誤。何地能招自古魂」之句。

編年文　《記唐代之李武韋楊婚姻集團》　《述東晉王導之功業》　《論李栖筠自趙徙衛事》

癸巳　一九五三年　先生六十四歲

先生在中山大學歷史系任教。系主任劉節,字子植,永嘉人。舊清華國學研究院第二屆畢業同學。

本年夏長女流求畢業於上海第一醫學院。分配到重慶六一〇紡織廠工作。(一九六一年調成都第二人民醫院。)在未赴重慶之前,乘暇回廣州省親。

九月,開始撰寫《論再生緣》。

陽曆九月十一日,樞乘車赴粤,抵穗後以初遊不識路,僱車至中山大學東南區一號晉謁。留穗約十日,得飫聆教誨。適流求妹尚在家,歡聚數日後赴渝就職。時樞方校讀《周禮》(用董康珂羅版影宋本校阮刊注疏本),語次,師誨之曰:「周禮中可分爲兩類:一,編纂時所保存之眞舊材料,可取金文及詩書比證。二,編纂者之理想,可取其同時之文字比證。」樞未能遵師囑以有所成,愧負滋多矣! 此行初識黄萱。二十二日拜辭師及師母北歸。行前,先生贈以二詩。《南飛集》之最前部分,卽此行所鈔得。

在廣州時,已聞師言,有人促返北京。

陽曆一月，北京中國科學院院長郭沫若有書來，先生覆書如下：「沫若先生左右：一九五四年一月十六日手示敬悉。尊意殷拳，自當勉副。寅恪現仍從事於史學之研究及著述，將來如有需要及稍獲成績，應即隨時函告并求教正也。專此奉復敬頌箸祺　陳寅恪敬啓一九五四年一月廿三日」

按：此信據師母手寫底稿。以覆信時間計，疑與明年春迎先生去京事有關。惜未見郭原信，無由推知其詳。

本年詩有《癸巳元旦贈曉瑩》《廣州癸巳元夕用東坡韻》《次韻和朱少濱癸巳杭州端午之作》《癸巳六月十六夜月食時廣州苦熱再次前韻》《癸巳七夕》《廣州贈別蔣秉南》《癸巳秋夜聽讀清乾隆時錢唐才女陳端生所著再生緣卷十七第六十五回中「惟是此書知者久，浙江一省徧相傳，髫年戲筆殊堪笑，反勝那，淪落文章不值錢。」之語及陳文述西泠閨詠卷十五繪影閣詠家□□詩「從古才人易淪謫，悔教夫壻覓封侯」之句感賦二律》《詠黃籐手杖》《癸巳除夕題曉瑩畫梅》等題，見《詩存》。

《寄朱少濱杭州》《寄朱少濱之二》《次前韻再贈少濱》《熱不成寐次少老聞停戰詩韻》《次韻答龍榆生》《客南歸述所聞戲作一絕》《答北客》《和羅讀新唐書食貨志》《答謝朱少濱寄贈清眞詞和韻》《癸巳陽曆除夕作時撰文論再生緣猶未畢稿也》十題，詩佚。

《癸巳元夕》詩有句云：「先生過嶺詩爲曆。此是南來四上元。」紀實也。

編年文　《論唐代之蕃將與府兵》　《書杜少陵哀王孫詩後》　《書世說新語文學類鍾會撰四本論始畢條後》

甲午　一九五四年　先生六十五歲

本年春，國務院派原在清華任先生助教之汪籛來穗，迎先生赴京，任科學院哲學社會科學部歷史研究第二所所長。友朋亦多促行。先生謝不就，薦陳垣代己。

按：據黃萱信，所派人爲汪籛。又，去冬有「覆郭沫若書」，郭書爲陽曆一月十六日發，亦不詳與「促赴京」事有無關連。總之，兩人之北返復命已在今年春初矣。

第一次交代底稿：「一九五四年春，中央特派人叫我去北京担任科學院第二研究所所長。我貪戀廣州暖和，又從來怕做行政領導工作，薦陳垣代我。李四光我在廣西教書時和他很熟，一九五四年中央要我担任歷史二所時，他特地寫信來勸我去。我沒有聽他的話。自悔負良友。北京的朋友周培源、張奚若都是清華老同事，因公來廣州時，都來看我。也勸過我。」

吳宓日記：「政府派李一平來迎，寅恪說明寧居中山大學，康樂便適(生活、圖書)，政府於是特致尊禮。」(流求轉錄自一九六九年八月三十日吳宓日記。案吳氏日記所記派李一平迎陳先生北返，與前言汪籛迎陳先生北返事，是一是二，待考。）

二月，《論再生緣》初稿完成。自出資油印若干冊。後郭院長沫若撰文辨難，又作《校補記》。（校補記後序，寫成於六四年甲辰冬，見後。）

開始撰寫《錢柳因緣詩釋證稿》。

本年詩有《甲午元旦題曾農髯丈齊眉綏福圖》《寄題社稷壇園中牡丹畦》《題初學集幷序》《聞歌》《貧女》《無題》《讀昌黎詩遙想燕都花事》《黃皆令畫扇有柳如是題陳卧子滿庭芳詞云「無非是怨花傷柳一樣怕黃昏」感賦二絕》《乙未陽曆元旦作時方箋釋錢柳因緣詩未成也》《乙未陽曆元旦詩意有未盡復賦一律》十題，俱見《詩存》。《甲午元夕風雨》《甲午仲春讀新唐書愢山愍王傳》《次韻何克之春日見懷》《甲午嶺南春日憶燕京崇孝寺牡丹及青松紅杏卷子有作二絕》《甲午五月朔曉瑩生日賦一詩爲壽》《朱少濱寄示湖居近作即次見懷原韻》《次韻冼玉清教授寄懷陳援厂》《戲和龍楡生荔枝七絕》《甲午春朱叟自杭寄示觀新排長生殿傳奇詩因亦賦答絕句五首》《甲午七夕風雨一律》《睡醒食瓜一律》《廣州立秋後苦熱》《甲午廣州中秋一律》《錢受之東山詩集末附甲申元旦詩云衰殘敢負蒼生望自理東山舊管絃戲題一絕》凡十四題，詩俱佚。寄題社稷壇牡丹葉遐庵移植詩云：「名園古刹兩堪傷。剩博南安夢一場。姚魏移根猶易事。招魂難返楚蘭芳。」

編年文 《論再生緣》 《錢柳因緣詩證釋》本年三月開始

乙未 一九五五年 先生六十六歲

在廣州中山大學歷史系任教。

春節，先生撰聯標門曰：「萬竹競鳴除舊歲。百花齊放聽新鶯。」

繼續草《錢柳因緣詩箋證稿》。

先生於戊寅(一九三八)轉道去昆明時，在滇越鐵路運輸中被竊去書籍兩木箱（另易以兩木箱，滿裝磚塊），其中多有先生批注本。越南華僑彭禹銘君曾購得其中之《新五代史》批注本兩册。本年六月先生來信告知此事，並言及其他書情況。錄如後。（先生至廣州後所來信本都原封保存，俱被燬於「文化大革命」中。此信獨以黏貼於「編年文目錄」後得以保存。）

有一事忘告，卽去年安南華僑彭禹銘君來，言其家住西貢，曾在海防搜買舊書，得到弟當年遺失之《新五代史》兩册(竹簡齋石印本只兩册)。現因不能寄出，故尙在其家。弟當日取歐史與《六一居士集》及《續資治通鑑長編》附勘，李書未注，卷帙又繁，故未隨身攜帶。《六一居士集》及《集古錄》，乃用萬有文庫小本，所注頗多。彭君未收到此書。此時西貢一帶秩序甚壞，彭君家中雖有人看守，亦恐有遺失。又有梁秩風君，買得弟遺失箱中之《論衡》一部，此書不過當時爲塡塞箱子起見，偶爾放置其中，實非欲帶之書也。當日兩箱中中文書及古代東方文書籍及拓本、照片幾全部喪失。此時身邊舊箱中原物，僅餘塡補空隙不足輕重之《論衡》一種，可嘆也。

寅恪 六月十一日

彭所得之《新五代史》兩册，後亦燬於西貢大火。先生淸華學生梁秩風（卽前寄還論衡一書者）曾來信相告，節錄如下（原信黏附目錄後）：

寅恪先生講席：曩辱承尊命，籌運史書（卽新五代史）回穗。彭禹銘先生數度去函越中眷屬，着令設法從速進行，奈以越南政府禁書出口，法令綦嚴，用是存下靜待機緣。日昨彭先生到訪，袖示家書，縷述越南去月戰況，兵火所及，萬家已成瓦礫之場。尤可惜者，彭先生積聚古籍數千卷，盡付一炬。而先生之史本，同爲刼灰。承諾有心，歸璧無路，徒負先生殷殷期望，恨未能如願以償。梁秩風上言。

先生將梁原信寄示時，幷有書，惜僅存黏貼之其中一段而已。

弟前書言安南華僑彭禹銘君買得弟當年遺失之新五代史批注本，不料昨日接到淸華舊時畢業生梁君來函，附寄一覽。並請兄保存，附於弟著作目錄後，留作備考資料。黃梨洲批錢牧齋詩「看場神鬼坐人頭」以爲是火神，雖甚可笑，然弟往年輓王觀堂先生七律有句云：「吾儕所學關天意。並世相知妬道眞」，豈知果爲今日讖耶！

樞昔年曾聞友人言，先生此次所失書中，尚有多部批注之《世說新語》，本欲擕出據以爲文者。是安南喪失大批中外文書籍事，不但影響後來著述，而所謂「古代東方文書籍、照片、拓片」者，殆皆有關外族史料，如《詩存》中所謂「嘗取唐代突厥、回紇、吐蕃石刻補正史事」者，實先生生平所存文物之浩刼也。

本年詩有《乙未舊曆元旦讀初學集崇禎甲申元日詩有「衰殘敢負蒼生望，重理東山舊管絃」之句戲成一律》《乙未迎春後一日作》《六十六歲初度》《詠紅豆幷序》《乙未中秋夕贈內卽次去歲中秋韻》《乙未陽曆元旦作》《乙未陽曆元旦詩意有未盡復賦一律》七題，俱見《詩存》。《乙未人日》《曉瑩昔年賃宅燕京西城浚水河庭中植柳四株以白堊塗樹身望之如白皮松乙未春日與曉瑩同寓廣州偶憶及之感賦一律》《乙未五月朔曉瑩生日贈》《和曉瑩題陳眉公梅花詩畫冊絕句》《次韻答曉瑩》《詠燕郊舊園一絕》《暑夕飲酒一律》《乙未七夕讀義山馬嵬詩有感一律》《乙未七夕作用甲午七夕原韻一律》《舊曆七月十七日爲瑩寅結婚紀念日賦一短句贈曉瑩》《題唐虬悼亡奇痛記一絕》《自號》《乙未十二月廿四日立春作時方箋釋錢柳因緣詩未成也》《乙未迎春後一日作》《乙未除夕臥病強起與家人共餐感賦》十五題，詩佚。

丙申　一九五六年　先生六十七歲

本年春初，陳毅副總理因事到廣州。與夫人張茜到中大訪先生，談敍歡洽。並和先生談及《世說新語》。

弟方恪任南京圖書館編目主任及研究員。

兄隆恪於去年舊曆十一月廿二日逝世滬寓。享年六十八歲。

本年舊曆四月廿四日，嫂喻婉芬亦逝世。

小從筆記：「父親在解放後的上海住了七年，直到五六年（以陽曆計）他去世，這段時期中，一家五口人（父、母、大姑母和一位老保姆），有三個長期在病中——母親患乳癌，父親患膀胱瘤，每月工資九十元，還是生活得很緊。但父親這時心情舒暢，常和上海一些老詩人相唱和。」當老倆夫婦在世時，樞因不知住處，未獲往謁。追思往事，無限傷感。

本年詩有《丙申春偶讀杜詩惟見林花落之句戲成一律》《從化溫泉口號二絕》《丙申六十七歲初度曉瑩置酒爲壽賦此酬謝》《丙申七夕作時蘇彝士運河問題方甚囂塵上也》《戲題余秋室繪河東君初訪半野堂小影》《聽讀夏瞿禪所著姜白石合肥本事詞卽依見贈詩原韻詶之》六題，俱見《詩存》。

《丙申春日以百楳集贈曉瑩口占一絕》《丙申春日戲作二絕》《丙申端午不勝去年今日之感爲賦一律》《題鄭曉滄粟廬憶語五絕句》《丙申中秋》《戲題臨川集》《丙申仲冬廣州梅花未放偶讀東坡集有作一律》《丙申除夕詠水仙花一律》八題，詩佚。

丁酉　一九五七年　六十八歲

仍任教中山大學歷史系。

以後數年事均不詳，雖經多方訪詢，亦無所得。

本年前後，先生喜聽京劇、昆曲等，時驅車市內欣賞之。

本年陶鑄同志任中南局書記，重先生學行，偶來中大訪談。時囑有關方面給予照顧。一九七七年三月廿三日趙紫陽同志《共產黨人的高尚品德》文中有云：「中山大學教授著名歷史學家陳寅恪雙目嚴重損壞，只能看到一點微光。陶鑄同志親自關心他的助手配備和眼病治療，還關照有關同志在他的院子里修一條白色甬道，讓這位老教授在工餘散步時不至摔倒。……所有這些都在廣東知識界傳爲美談。」

本年詩有《丁酉首夏校園印度象皮竹結實大如梨曉瑩學寫其狀寅恪戲題二絶》《丁酉五日客廣州作》《答王嘯蘇君 三絶句》《丁酉陽曆七月三日六十八初度適在病中撰書尚未成更不知何日可以刊布也感賦一律》《用前題再賦一首年來以小説戲曲遣日故詩語及之》《丁酉七夕》六題，俱見《詩存》。

《丁酉元旦瓶中桃花盛開戲作一絶》《丁酉開春苦寒不寐回憶六十年前正復相似再叠和訓夏前韻聊寫近懷》《春日偶成一絶》《丁酉上巳前二日廣州京劇團及票友來校清唱即賦三絶句》

《丁酉寒食日對窗前紫藤花獨坐題二絕句》《清明後一日出遊訪得地質學家所謂三百萬年前海底石者戲題二十八字》《前題余秋室繪河東君訪半野堂小影詩意有未盡更賦二律》《丁酉春日聽唱西廂記戲題一絕》《丁酉首夏贛劇團來校演唱牡丹對藥梁祝因緣戲題一律》《聽劉映華張淑雲演唱穆桂英劇戲題三絕》《無題七夕前》《題王觀堂人間詞及人間詞話新刊本一絕》《朱少濱寄贈清史述聞賦此答謝一律》《聽演清宮怨感賦一律》《聽新谷鶯演秦香蓮京劇》《丁酉小雪後六日曉瑩以微病未能偕往市區聽新谷鶯演王寶釧意有不樂賦此慰之》凡十六題，詩全佚。

答王嘯蘇七絕三首，詩後得，錄於下，詩云：「碧沼紅橋引玉泉，樹人樹木負當年。歸舟濡滯成何事，轉恨論文失此賢。　東坡夢裏舊巢痕，惆悵名存實未存。欲訪梁王眠食地，待君同去郭西門。　望斷衡雲六十秋，潭州官舍記曾遊。死生家國休回首，淚與湘江一樣流。」

按：此詩傳錄自吳宓一九五九年七月廿九日日記中。王競，字嘯蘇，以字行。湖南長沙人。清華研究院第一屆畢業同學。時任教湖南大學。

戊戌　一九五八年　先生六十九歲

批判「厚古薄今」運動開始。運動中先生受批判，遂不再教課。專力著述。

第三次交代底稿：「一九五八年，全國有厚今薄古運動。我當時也受到批判。我便不再上課。但仍舊作文。」

本年姪封懷任中國科學院武漢植物園主任。

本年詩有《箋釋錢柳因緣完稿無期黄毓祺案復有疑滯感賦一律》《今年戊戌舊曆二月初五日爲康南海先生百歲生日其女羅夫人同璧設祭京寓遠道聞之感賦一律不必投寄也》(題一作《南海世丈百歲生日獻詞》)兩題,見《詩存》。《答朱少濱》《戊戌元夕作用東坡韻李姜詞意一律》《戲和牛山六言絶句二首》《暮春枕上偶成一律》《陰曆五月十七值六十九歲初度戲贈曉瑩時同寓廣州》《戊戌六月廿九日聽南昌市劇團李今芳演玉堂春戲題三絶句》《戊戌七夕七絶》《戊戌夏秋間雜詠絶句六首》《戊戌中秋夕首創初愈入城重聽新谷鶯望江亭》《戊戌十一月十二日戲題一律》《戊戌孟冬望日北秀湖觀菊並賞春蘭戲以易安居士詞句分列詩句中亦試帖之變體也》十一題,詩俱佚。

編年文 《書魏書蕭衍傳後》

己亥 一九五九年 先生七十歲

在中山大學。

本年夏,姪女小從偕壻彭旭麟由武漢至穗,看望先生暨師母。並探視在中大物理系任教之哥嫂彭旭虎夫婦。時先生身體尙健，常由師母陪同在園內散步。

本年　月，中宣部副部長周揚同志來訪。談及教育問題。

周揚同志談話：「我與陳寅恪談過話，歷史家，有點怪，國民黨把他當國寶，曾用飛機接他走。記憶力驚人，書熟悉得不得了，隨便講哪知道哪地方。英法梵文都好，清末四公子之一。（按，此記憶偶誤，散原老人少年時，與丁惠康、譚嗣同、吳保初四人，時稱四公子。）一九五九年我去拜訪他，他問，周先生，新華社你管不管，我說有點關係。他說一九五八年幾月幾日，新華社廣播了新聞，大學生教學比老師還好，只隔了半年，爲什麼又說學生向老師學習，何前後矛盾如此。我被突然襲擊了一下，我說新事物要實驗，總要實驗幾次，革命，社會主義也是個實驗。買雙鞋，要實驗那麼幾次。他不大滿意，說實驗是可以，但是尺寸不要差得太遠，但差一點是可能的……」（錄自一九六二年八月十日在大連創作座談會上的講話）

本年詩有《春盡病起宴廣州京戲團幷聽新谷鶯演望江亭所演與張君秋微不同也 七律三首》《遙祝少濱世先生八十生日卽次自述詩原韻》《聽演桂劇改編桃花扇劇中香君沈江而死與孔氏原本異亦與京劇改本不同也 一律》三題，詩存。第一題原僅存第一首。二三兩首後得。《邏些 七律一首》《少老寄詩見懷並述上元西湖之會賦此答之》《戲題 七律一首》《己亥五日戲作七絕》《讀宋史》《聞歌》《己亥七夕作前二日立秋 七律》七題，詩俱佚。

第一題《春盡病起》三首，第一首已見《詩存》。第二第三兩首，從吳雨僧《日記》中展轉錄得，乃當年七月間由廣州寄贈吳者。錄於下，其二云：「江郊小閣倚輕寒。新換春妝已着禪。青鏡鉛華初未改。白頭哀樂總相干。十年鮭菜餐能飽。三月鶯花酒盡歡。留取他時作談助，莫將清興等閒看。」其三云：「葵羹桂醑足風流。春雨初晴轉似秋。桑下無情三宿了。見《後漢書・襄楷傳》及東坡別黃州詩草間有命幾時休。早來未負蒼生望。老去應逃後死羞。傳語朋儕同一笑，海南還勝海西遊。」

吳雨僧詩後附記云：「諸詩藉閒情以寓意，雖係娛樂事而寅恪之精神懷抱，悉全部明白寫出，爲後來作史及知人論世者告。至其記誦之淵博，用語之綰合，寄意之深遠，又寅恪勝過他人處。如（1）陸詩如不引注原句，則讀者將忽略之，而不賞其『聞鶯』之切合新谷鶯也。（2）錢詩如不引注原句，則讀者將謂此句爲妄談政治。（3）桑下三宿，佛徒所戒，此固人人知之，而宓讀襄楷傳乃知楷之言天象實指人事，蓋當時濫刑多殺，士氣鬱湮，故致天變，襄楷等非方士，乃直諫之忠臣耳。要須久久細讀方可盡得寅恪詩中之意。」（轉錄自一九五九年七月廿九日吳宓日記）

先生本年事無可稽。僅存詩及佚詩詩目，藉可見當日情思及意趣所向。

庚子　一九六〇年　先生七十一歲

在中山大學。仍居東南區一號。

本年詩有《庚子春張君秋來廣州演狀元媒新劇時有人於臺前攝影戲作一絕》《又別作一首》二題，見《詩存》。

《庚子春日聽廣州京劇團演新排西廂記悲劇新谷鶯飾鶯鶯孫豔琴飾紅娘戲作一律寅恪昔年嘗撰讀鶯鶯傳論文故詩語及之》《庚子春盡偶成》《庚子五月朔日題康樂公杜寓樓》《七十一生日集崔顥杜甫詩句自壽》《庚子寒日次唐人韻二首一、元微之《有所教》二、李義山《無題》》《題先大兄畫桂花冊》六題，詩佚。

辛丑　一九六一年　先生七十二歲

在中山大學。住東南區一號樓上。

秋七月，老友吳雨僧宓自重慶來廣州。詢先生近況，賦詩答之。別時，又贈以四絕句。（按四絕句師母所書目錄中不載。）

吳雨僧日記：「寅恪兄之思想及主張毫未改變，卽仍遵守昔年『中學爲體，西學爲用』之說（中國文化本位論）。在我輩個人如寅恪者，決不從時俗爲轉移。」（一九六一年八月三十日日記）

本年，香港陳某寄來食品包裹一，內裝白糖、火腿及其他食物，先生將包裹單交給校黨委全部退還。（據小彭信）

本年長女流求由重慶一〇六一廠調至成都第二人民醫院。在該廠服務已九年矣。

本年初，妹康晦卒於南京。卒前，先生經常寄生活費給妹。（黃萱信）

本年詩有《寄懷杭州朱少濱七絕》《辛丑七月雨僧老友自重慶來廣州承詢近況賦此答之》《贈吳雨僧》《辛丑除夕作幷序》四題七首，俱見《詩存》。

《寄題小五柳堂条七絕二首》一題，詩佚。

別有《辛丑中秋》一首，原佚，近始得，錄如下：「嬌寒倦暖似殘春，節物茫然過嶺人。數夕蟾蜍圓缺異，一枝烏鵲雨風頻。小冠那見山河影，大患仍留老病身。差喜今宵同說餅，捲簾輕霧接香塵。」

壬寅　一九六二年　先生七十三歲

仍住中大東南區一號樓上。

初春，陶鑄同志陪同胡喬木同志到中大看先生，談及舊稿重印事，雖已交付書局多年，但却遲遲不予出版。因言「蓋棺有期，出版無日」。胡笑答云：「出版有期，蓋棺尚遠。」

第六次交代底稿中「我與陶鑄的接觸」：「陶鑄以中南局首長身分先後來看過我三次或四次，實在記不清楚了。姑且就談話最長的第二次說，大約是一九六二年早春，正是上海昆劇團在廣州演出完畢的時候。陶鑄陪同胡喬木來的，胡是來廣州休養的。經過介紹之後，先由胡喬木談話。他說在清華時可惜沒有機會聽我所教歷史系三四年級的課。後來他就離開清華去了。又談起我的舊論文稿集起來重印事，我早已交給書局，遲遲還沒有出版，因此我說『蓋棺有期，出版無日』。他笑着說：『出版有期，蓋棺尙遠。』又談起張奚若因公來廣州，來家看我，講他聽了俞振飛昆曲《太白醉寫》，非常好。我不曾得到入場券。我也很喜歡聽這齣戲。胡喬木說如能請他再演一次大家聽聽很好。後來始終沒能再演成。大約是班底和道具等都已運回上海。……」

秋六月十日，右腿骨跌折。住進中山二醫院。因年老未動手術。當時樞曾建議請上海中醫骨科專家治療。先生不肯，致斷腿終未能復原。

第六次交代底稿：「一九六二年，跌斷右腿，在中山二醫院留住半年多。」

陽曆一月二十一日，由醫院擡回家。

陶鑄同志給派護士三人，輪班照顧。（據小彭信）

第六次交代底稿：「一九六二年，跌斷右腿，在中山二院留醫半年多。一九六三年一月二十一日擡回家，至今未曾下過樓。」

又「我與陶鑄的接觸」：陶鑄第三次看我是六二年斷腿住院後的第三天後，我正痛得昏迷不醒，不知他來，多日後唐篔才告訴我他來看過你。和陶鑄最後一次見面是我斷腿回家以後，他來時正當廣州發動疏散的時候，他勸我疏散到從化溫泉，我因腹瀉沒去。他以中南局首長的身分來看我。並無私人交情。遠在七八年以前他第一次來看我，普通寒暄幾句話就走啦。

又云：「六二年由省委送來牡丹牌電唱兩用機一架、唱片三十二張，幷公函一封。唱片已被地理系同學拿去，電唱機也被中山大學七〇五師六個人於六七年一月十四日晨強行擡走。公函也被學生拿去。（學生某紙條：要交代與陶之關係。來幾次每次來談些什麼、有無書信往來、共來幾次同誰來、收受物質的照顧。）」

本年姪封懷由武漢調至廣州「中國科學院華南植物研究所」任所長，兼理「植物園」事。（據小從記錄）

姪封懷《回憶錄》：「六二年我因工作需要由武漢調來廣州中國科學院植物園工作。喜和闊別多年的六叔六嬸同在一城市，雖住處距中大很遠，但我和張夢莊還是常常去看望他們。陪着他談談往事和家常，他總是顯得很高興的。其中所談的話，只有我較了解，特別是涉及到以前的事，以及中外文學方面的事。這樣的平靜生活約莫過了三四年。」

本年詩有《壬寅元夕作用東坡二月三日點燈會客韻》《一九六二年三月二十九夕廣州京劇團新谷鶯諸君來中山大學清唱追感六年前舊事仍賦七絕三首以紀之》（第二首佚）《壬庚清明病中作》《憶燕山浸水河舊居賦此詩時爲曉瑩生日即以是篇爲壽可也》《壬寅中秋夕博濟醫院病榻寄內》《壬寅小雪夜病榻作》《舊曆壬寅六月十日入居病院療足疾至今日適爲半歲而足疾未愈擬將還家度歲感賦一律》《病中南京博物院曾昭燏君過訪話舊並言將購海外新印李秀成供狀詩

以紀之》八題，均見《詩存》。

《壬寅元夕後七日二客過談因有所感遂再次前韻》一題，詩佚。

癸卯　一九六三年　先生七十四歲

仍住中山大學東南區一號樓上。

本年暑假，姪女小從自武昌來視疾，云：「時腿已折傷，人也瘦得很，見時心裏很難過。幸六嬸還康健，并有護士幫助照顧。」

本年詩有《癸卯正月十一日立春是夕公園有燈會感賦》《癸卯元夕作用東坡韻》《十年以來繼續草錢柳因緣詩證釋至癸卯冬粗告完畢偶憶項蓮生鴻祚云「不爲無益之事何以遣有涯之生」傷哉此語實爲寅恪言之也感賦二律》《癸卯冬至日感賦》四題存，見《詩存》。

《癸卯春病中聞有人觀巴黎茶花女連環圖畫因憶予年二十三旅居巴黎曾訪茶花女墓戲賦一詩今遺忘大半遂補成之光緒中林紓原名羣玉仿唐人小說體譯小仲馬巴黎茶花女遺事其文悽麗爲世所重後有玉情瑶怨館本鐫刻甚精蓋出茶陵譚氏兄弟也》《聽讀王愼之譯巴黎茶花女遺事》二題，詩佚。

甲辰　一九六四年　先生七十五歲

春暮，科學院歷史所研究員向覺明達來廣州，就先生商論校刊《大唐西域記》事。四月，爲黄萱作鑑定，對其十二年間「勤力無間始終不懈」深致嘉許。先生時需聽讀古書，而古書多無句逗，贊許黄能「隨意念讀毫不費力。」「又能獨立自找材料，並能供獻意見修改著作缺點，尤爲難得。」（承黄寄示師母手寫鑑定書，得據補此條）

本年舊曆五月十七日爲先生七十五歲誕辰。先期，樞寄奉明袁褧刊本《世說新語》一書爲壽。昔年先生由香港去昆明經歷滇越鐵路時失去兩大木箱書籍，其中有先生批注本《世說新語》多部。故樞奉此書申祝。（此書先生身後不知下落）寄書未幾旋卽請假赴粵，陽曆五月廿九日下午抵廣州站，師母挈小彭妹以車相迓。得以逑至東南區一號樓上晉謁。時先生已能由兩護士夾扶起立。惜不能再如往昔出師母陪同在校園內散步矣。

聆誨之餘，師命小彭陪同遊覽市區及黄花岡、佛山市等地。六月十日，乘飛機返滬。記曾錄得詩稿一册，歸後徧覓不得，豈被竊歟？夏，《錢柳因緣詩證釋稿》初稿完成。後易名爲《柳如是別傳》。自草創至是已十年矣。全書後有《稿竟說偈》（依照師母手寫稿式樣）曰：

奇女氣銷三百載下
孰發幽光陳最良也
嗟陳教授越教越啞

麗香鬧學皋比決捨
無事轉忙然脂暝寫
成卌萬言如瓶水瀉
怒罵嬉笑亦俚亦雅
非舊非新童牛角馬
刻意傷春貯淚盈把
痛哭古人留贈來者

又有附記云："史家紀事，自以用公元西曆爲便。但本稿所引資料本皆陰曆，若事實發生在年末，則不能任意改換陽曆，且因近人所編明末陰陽曆對照表多與當時詩文集不合，故不能完全依據也。又紀述明末遺民之行事，而用清代紀元，於理於心俱有未安。然若用永曆隆武等南明年號，則非習見，難於換算，如改用甲子，復不易推記。職是之故，本稿記事行文，往往多用清代紀元，寔不獲已也。倘希讀者諒之。

錢柳逝世後三百年歲次甲辰夏月陳寅恪書於廣州金明館，時年七十五。

黄萱曰："「寅師以失明的晚年，不憚辛苦，經之營之，鉤稽沈隱，以成此稿。其堅毅之精神，眞有驚天地泣鬼神的氣槩。」（節錄黄來信）

吳宓日記："「寅恪細述其對柳如是研究之大綱。柳之愛陳子龍及其嫁牧翁，始終不離其民族氣節之立場，光復故物之活動。不僅其才高學博，足以壓倒時輩也。也談及卞玉京、陳圓圓等與柳之關係。侯朝宗之應試，以父在，不得已而敷衍耳。總之，寅恪之研究『紅妝』（先生贈吳詩有「著書唯賸頌紅妝」之句）之身世與著作，蓋藉以察出當時政治（夷夏）道德（氣節）之眞實情况，蓋有深意存焉。絕非消閒風趣之行動也。」（一九六一年九月一日吳宓日記）

冬十月，爲寫定之《論再生緣・校補記》作序云：「此文乃頹齡遊戲之筆，疏誤可笑。然傳播中外，議論紛紜，因而發現新材料，有爲前所未知者，自應補正。茲輯爲一編，附在簡末，至於原文，悉仍其舊，不復改易，蓋以存著作之初旨也。噫！所南心史，固非吳井之藏。孫盛陽秋，同是遼東之本。點佛弟之額粉，久已先乾。裹王娘之脚條，長則更臭。知我罪我，請俟來世。

一九六四年歲次甲辰十一月十八日文盲叟陳寅恪序於廣州金明館。」

本年詩有《甲辰元旦作余撰春聯云「豐收南畝春前雨先放東風嶺外梅」又除夕前買花數株故第四句第六句述其事也》《甲辰人日作》《甲辰元夕作用東坡韻》《甲辰春分日贈向覺明》四題，見《詩存》。

按：師母所寫詩目錄，至癸卯年止。本年四詩皆不見目錄，經搜尋得之。《南飛集》詩至本年止。

又按：此後所作詩均被後年抄家者拿去。

編年文　《贈蔣秉南序》

乙巳　一九六五年　先生七十六歲

本年批判吳晗「海瑞罷官」開始。

本年先生著《先君致鄧子竹丈手札二通書後》成於四月二十八日。（原手札冼玉清教授所藏。）此後卽從事《寒柳堂記夢未定稿》之撰著，直至明年年初，未及完成而輟作。

編年文　《先君致鄧子竹丈手札二通書後》《寒柳堂記夢未定稿》

後一篇，文佚。

丙午　一九六六年　先生七十七歲

春，《寒柳堂記夢未定稿》已完成者：弁言　（一）吾家先世中醫之學　（二）清季士大夫清流濁流之分野及其興替　（三）孝欽后最惡清流　（四）吾家與豐潤之關係　（五）自光緒十年三月至二十年十一月間清室中央政治之腐敗　（六）戊戌政變與先祖先君之關係　（七）關於寅恪之婚姻等，連同《弁言》及文七章。倩黃萱謄錄清稿兩份。尙欲續寫一兩章，未及着手而運動起。當撰稿之初曾對黃萱言：「此書將來作爲我的自撰年譜。」（據黃萱信）

公曆六月一日，北京「文化大革命」開始。六月六日，廣州「文化大革命」開始。（據小彭所記）運動開始後不久，黄萱被紅衞兵趕走，不准再協助先生做工作。九月，又將公家所派護士三人趕走。僅自出資所請護士（原供輪班代替者）一人得留。以後缺乏人扶持，折磨亦日多。方風聲緊急時，師母讓保姆將陽臺上外門關閉。旋即有多人從陽臺上爬進來，無法攔阻，他們又去開了大門，大量人湧進樓上，擠滿一屋子人。大字報貼到牀頭上、門上。先生心臟病情況開始惡化。

自本年十一月至陽曆一月，由師母代寫檢查交代六次。在多次交代之後，輒又責令作「補充交代」。

本年年底，歷史系二年級學生某拿去《寒柳堂記夢未定稿》清鈔稿一份，迄無下落。另一份清鈔稿因屢遭抄家，不知何時遺失。先生最後所著文一篇竟致堙沒。今所存者，僅《弁言》及第一章《先世中醫之學》第六章《戊戌政變與先祖先君之關係》三部份不完全之殘稿。

丁未　一九六七年　先生七十八歲

春，一號樓上搬進物理系方某一家合住。加以兩年來抄家事先後不絶，凡輕便物均拿去，室中蕩然。

美延來信談：「有一天晚上，革命學生來抄家，將母親打了，後來我們爲她擦跌打油，休息了一段時間才好轉。沒看醫生。當時是誰想抄家，隨時可去。目的是在于經濟，並非政治原因。根本不認識這些人，就是我能見到，大概也不會認得。」（節錄自一九七七年十二月來信）家裏所有各項可拿物品就是在這種「隨時可去」的情況下「蕩然無存」。至師母被打，想係勒索珠寶首飾等物之故。師母有先代傳留下的珠寶首飾，我曾見過。搶物之人既不識，致無法追查。（此物美延曾讓我保存。美延畢業後，我時時怕遺失，後又帶還給師母。誰能料及後來的事呢！）

本年底紅衛兵要擡先生去大禮堂批門，師母阻止，被推倒在地。結果，由前歷史系主任劉節代表先生去挨門。會上有人問劉有何感想？劉答：我能代表老師挨批門，感到很光榮！

按：劉子植兄以喉癌病逝世於一九七七年七月，逝世前余曾函詢寅師生前受迫害情況，復函於此不置答。時四人幫已倒，可見其心有餘悸。

本年一月間，師母代寫第六次交代。並再度交代和陶鑄的關係。十二月，又寫第七次交代。交代本人家世和本人生平經歷。

四月二日，師母代寫「我的聲明」：一，我生平沒有辦過不利於人民的事情。我教書四十年，只是專心教書和著作，從未實際辦過事。二，陳序經和我的關係，只是一個校長對一個老病教授的關係。並無密切的往來。我雙目失明已廿餘年，斷腿已六年，我從來不去探望人。三，我自己的一切社會關係早已向中大的組織交代。

秋，長女流求因母病返穗。在家住半月。臨行，師曰：「這次算是生離死別了！」

流求追記云：「我最後一次見到父親在一九六七年七八月間，因母親病重，由周伯母（卽黃萱）與護士小朱（自出資所僱）商量，電報通知我卽搭班機返穗。那時家中仍住東南區一號樓上。對面辦公樓已被造反派佔領，終日高音喇叭噪音震耳。校園中很多大字報。因兩派武鬥激烈，暫時顧不上『反動學術權威』。我在家住半月餘，母親告我去年年底來抄家，取走貴重東西。抄家難記次數。還告我，在最動亂時一天晚上，封懷兄子貽竹（中大生物系六六屆畢業）來家告知：周總理在一次接見廣州學生造反組織頭目會上談到『古爲今用』時說：『你們可請教中山大學陳寅恪先生……』當時父親關心在川舊友文革中遭遇，屢屢問我川大等高校大字報情況。我走前父親說：『這次算是生離死別了！』」

又云：「文革中，因陶（鑄）曾照顧父親，中大也給陶添了不少大字報，我回中大時還見到。聽說陶到京後還曾來電話要保護父親。後不久陶本人也被打倒了。」

戊申　一九六八年　先生七十九歲

四月十二日，由師母代寫「我的思想和體會」。幷責令解釋一九四六年《丁亥春淸華園作》詩句。四月廿九日凌晨，又被迫作口頭交代。（師母僅記出提綱第一條，下缺）

秋八月，軍宣隊工宣隊進駐中山大學。於是有「專案組」之設置，各方面調查先生「罪行」，冀遂其進一步迫害計。

姪封懷《回憶錄》:「史無前例的運動以排山倒海之勢向人們襲來，六叔從此處在那狂暴、罪惡的漩渦中，受到種種令人難信的折磨，直至去世。

記得有次中大派了兩名所謂『專案』人員到我家，迫令張夢莊寫揭發陳寅恪的材料。夢莊堅決不肯寫，她說：『陳寅恪先生是好人，他是愛國人士，從沒有反黨反社會主義的事，我不能寫！』兩位專案人員用威脅口吻說：『你敢擔保他嗎？』她回答說：『敢！我敢以人格保他。』兩個傢伙只得灰溜溜地走了。」

本年　月，黃萱來中大東南區一號看望師和師母。師望黃能在己身後寫篇論師研究方法的文章。「記得那是在寅師和師母尚未搬家到西南區五十號之前，我到東南區去拜望他們兩位，寅師對我說：『我的研究方法，是你最熟識的。我死之後，你可爲我寫篇談談我是如何做科學研究的文章。』當時我眞是不知如何答復才對。我認爲自己實在沒有能力；又認爲對一位高齡的老師答應下來的事，將來若做不到，是欺騙行爲。那時期的環境又不能再如以往，可在他的口授下筆錄，只好很難過地說：『陳先生，眞對不起，您的東西我實在沒學到手。』寅師用很低沈的聲音說：『沒有學到，那就好了，免得中我的毒。』此情此景，眞是不堪回首！十六年親承教誨的我，居然如此傷他老人家的心。」(錄自一九七三年五月來信)

運動起來以後，先生因被列爲特號對象，不但工資凍結，即少量存款亦被凍結。經濟生活至艱困。因而有「申請書」。

「申請書：一、因心臟病需吃流質，懇求允許每日能得牛奶四支（每支月四元八角）以維持生命，不勝感激之至。二、唐篔現擔任三個牛護士的護理工作、和清潔工雜工工作，還要讀報給病人聽，常到深夜。精神極差。申請暫時保留這位老工友，協助廚房工作，協助扶持斷腿人坐椅上大便。唐篔力小頭暈，有時扶不住，幾乎兩人都跌倒在地。一位工友工資廿五元，飯費十五元，可否每月在唐篔活期存款摺中取四十元爲老工友開支。又，如唐篔病在床上，無人可請醫生，（時兩女兒全家都去干校）死了也無人知道。」（此申請書未署年月）

因無錢付工友工資，致先生和師母故後，有的傢具被人擡去抵工資。

己酉　一九六九年　先生八十歲

春節後，奉命由多年居住之東南區一號搬家到西南區五十號。

小彭筆記：「六八年十一月我去英德干校後，六九年春節後回廣州探親，住了十三天。」由於小彭回來，才協同搬了家。

陽曆三月份後，師母常被家庭婦聯叫去學習，不能經常照顧先生。約至七月始結業。先生有《挽曉瑩》一聯，蓋作於此時。聯云：「涕泣對牛衣，卌載都成腸斷史。廢殘難豹隱，九泉稍待眼枯人。」去年五六月間已發現患有心力衰竭症。本年五月五日下午六點三刻，又被迫作「口頭交代」，直至不能講話才罷休。講話中有「我現在譬如在死囚牢」之語。

此次「口頭交代」有師母筆錄，記明月日時間。見紅皮鈔簿最後一頁。

舊曆五月十七日，先生八十誕辰。小彭又回家探親。

陽曆十月七日（依陳垣《二十史朔閏表》推算，爲舊曆己酉年八月二十六日乙卯）晨五時半，先生逝世。十月十一日，師母命美延寫信給我，約略如下：

「父親于本月七日晨五時病逝。校革委會和省革委會都有同志（卽派人之意）前來慰問母親。母親現重病臥床，囑我寫這封信給您。我自己因小孩病，由英德茶場干校回廣州，恰好遇上此事。二姐小彭也在英德干校，已由校革委會通知其返廣州，十號回來。在四川的大姐流求，也打電報去了，但他們干校在西昌，不知能否收到電報。我們希望大姐能趕到才安葬。留屍至十六號，如大姐趕不到，也將于十月十六日火葬。我們現在的住址是西南區五十號。一九六九年十月十一日。」

又，十二月二十八日來信如下：

「今天收到您十二月五日來信。由于一直沒收到您的回信，所以沒再寫信給您。這兩個月來，對我們家庭來說，變故實在太大。十月七日早五時半，父親由于心力衰竭，又突然暴發腸梗阻、腸麻痹，不能救治，病逝。（事後，曾登《南方日報》，報紙另付郵寄上）

母親自父親去世後，病不能起。日漸沉重。流求姐和小彭姐回來探親，相繼返回干校。不久，母親卽因腦出血、高血壓、心臟病等，搶救無效，於十一月二十一日（舊曆十月十二日庚子）晚八時半病逝。組織照顧我便于給小孩治病，留在化學系工作。回廣州不久，父母相繼去世。兩位老人去世時，我都在跟前。母親去世時，小彭姐又請假返廣州料理幾天，即又返英德干校了。流求姐則因剛返四川干校，不能再請假回來。

現在父母皆已火葬，并將兩個骨灰箱安放在一起，寄存在廣州火葬場。」

先生逝世後又十一天，十月十八日《廣州日報》始刊登先生逝世消息。聞係經周總理指示始行刊登者。

先生卒後，摯友吳宓雨僧在重慶西南師範學院因「遭受林彪、四人幫殘酷迫害。歷盡種種精神折磨和肉體摧殘。於一九七七年一月十七日含冤去世。」（引自西南師院爲吳宓教授平反昭雪通知公函）一九七九年七月十八日，西南師範學院爲吳宓教授召開平反昭雪大會。《重慶日報》於二十日刊登了昭雪大會情況的消息。

樞於一九六八年八月，患重病幾死。至一九六九年四月才出醫院。恐師掛念，未敢倩人代作書相聞。初未料及師遭遇如此。師母曾在病中於十月十一日（先生十六日火葬）命美延寫信告我。由於師母怕我也搬家，把信寄到系里，扣壓至十二月十五日信才送到我手。雖立即回信，師母已看不到了。痛哉！如我能及時收到來信，雖病體未能去廣州，師母尚可將《寒柳堂記夢未定稿》寄給我，或不至終於佚失。

纂先師寅恪先生編年事輯竟，百感叢集。約言之，其一，先生逝世後，海外多有悼念之文；而國內閧然。其時四人幫橫行，卽有文，亦無處刊布。今玆《事輯》，猶是先生十周忌辰悼念意也。

其次，先生歸國後，僅最初十數年間生活較爲安定。尤以國學研究院創辦數年中，與王先生相處時間雖短，而志趣相投，論學論世，俱爲契密。當時學生，亦事師如事親。（丁酉《答王嘯蘇君》詩所謂「東坡夢裏舊巢痕，惆悵名存實未存」者，悼清華僅存其名也。）故先生在此數年間，意氣至爲發舒。又其次，中年以後，衰病流離，尤其流亡於昆明後之數年中，生活旣困頓，際遇又艱辛，而由香港北歸數年間，貨幣貶值，生活艱困，有非常人所能喻解者。致喪兩目之因，此其要者。再其次，先生生平，卽在最安定時期，生活亦時在窘境：俸入所得，時需上奉老親，下恤嫠妹。又嗜書如命，節衣縮食，務在必得。尤其自昆明赴英倫之頃，以雙目失明之老人，師母未能陪同護送，其情可想。故《大西洋舟中紀夢》詩有「還家生事費安排」之句也。

清華國學研究院創辦時，各位導師敎導門人，學行並重。尤其王陳兩先生，於立品尤爲諄諄。但在此環境下，亦有人喜爲大言而不務實者，曾有人約同大學部組織「史學會」，王先生致詞時有云：「宜多開讀書會。先有根柢而後可言發展。」席間議論甚多，王先生頗不與之。旣散會，與陳先生同行，頗用懷疑，以爲斯會別有用意。又嘗勉姚名達：「讀詩禮，厚根柢，勿爲空疏之學。」由此可看到：當時導師們是如何誠摯地想培養學行俱優和樸質篤實的學風。

先生一生，操持峻潔，自少至老始終如一。甲辰夏師贈樞序文，有「歐陽永叔少學韓昌黎之文，晚撰五代史記，作義兒馮道諸傳，貶斥勢利，尊崇氣節，遂一匡五代之澆漓，返之淳正。故天水一朝之文化，實爲我民族遺留之瓌寶。」等語。復以「默念生平，固未嘗侮食自矜，曲學阿世。」者相詔示。先生之情於斯可見。先生對於歷史文化，愛護之若性命。早歲遊歷歐美各國時，仍潛心舊籍，孜孜不輟，經史多能闇誦。其見聞之廣遠逾前輩張文襄；顧其論學實與南皮同調。《觀堂先生挽詞》所謂「中西體用資循誘」者是也。

今茲所輯錄《事輯》，限於見聞，闕略特甚。憶及昔年去廣州時，曾請師追述往事，從旁記錄。師謂，將來擬自撰文，因而未敢再請，追悔曷及。先生到廣州後，多年給我的信，都在文革期間蕩然無存。故於卷下遂一無憑藉。又，上卷於先生未回國以前一階段，所知特少。因而有關家屬記述較多，欲藉之於先生早年生活環境略知梗概故也。

往昔先生敎學，同學間多有筆錄，惜在九一八俱亡失。卽後來大學部友人所記《唐詩校釋》課筆記，亦徧覓不見。近見到國外刊物，載一九三五年在淸華讀書之楊聯陞（現在美國哈佛大學任敎）發表渠昔年所記《隋唐史第一講筆記》概略，具見先生對專業課用心與負責之精神。其中對溫公通鑑推重備至，正是對天水一朝所遺留瓌寶之珍視。後來仿溫公《涑水紀聞》而作《寒柳堂記夢未定稿》，殆猶此意歟？

先生於元史於通史惜俱未竟其志。生平對於歷史及其他方面論著，汪榮祖所著傳中，均有論述，不復述。先生不特爲大史學家，舊體詩亦卓然大家。先生詩出入唐宋，寄託遥深。尤其於宋詩致力甚久。家學固如是也。嘗敎人讀宋詩以藥庸俗之弊，其旨可見。惜《詩存》所刊，僅及其半。師母手寫詩稿三冊，至今未見還，至可傷矣！一九七九年十二月識。

現在，寅恪先生文集出版事雖已告竣，尚有遺憾事二：其一，先生《寒柳堂記夢未定稿》黄萱謄清鈔稿一份，曾經歷史系二年級學生王健全拿去供批判用。王來信説當時放在歷史系橱櫃中。此文當日主系事者應能知其下落。其二，一九七八年歷史系發還稿件時，獨師母手寫詩稿三冊，未予發還。陳小彭曾向胡君索討多次，未得。此三冊詩稿明載接收清單中，現亦不知在中山大學何人手。此二事思之時爲心痛。一九八一年校畢補識。

陳寅恪先生論著編年目錄

一九五三年十月廿二日就所鈔得者輯成此目。所注年月，曾載各期刊者著出版時期，其知寫作時間及未發表之作，著寫成時期。所遺漏者俟續搜得補錄。此目寫成後之次日，接門生周荷珍代鈔《東洋史研究》二卷二期中日本小野川秀美所編目錄，除誤收吳其昌文一篇外並未能有所增補。編年目錄寫成後，曾寄廣州，請師訂正。一九七九年四月，又增補一九五四年以後所著論文篇目。

癸亥 一九二三年

與妹書 《學衡》二十期 一九二三年八月出版

丁卯 一九二七年

大乘稻芋經隨聽疏跋 《國學論叢》一卷二號 民國十二年九月出版

有相夫人生天因緣曲跋 同上一卷二號

童受喻鬘論梵文殘本跋 《清華學報》四卷二號 民國十六年十二月 一九五六年中大油印本有改訂

戊辰 一九二八年

俞曲園病中囈語跋 《清華周刊》三十七卷二期 民國二十一年三月出版 又小川秀美所編目錄謂此文又載《國語論叢》三

十七卷二期　按：此文作於本年三月

懺悔滅罪金光明經冥報傳跋　《北平圖書館月刊》一卷二號　民國十七年一月出版　鈔本已有訂正

須達起精舍因緣曲跋　《國學論叢》一卷四號　民國十七年十月出版　又載日本昭和九年五月《東洋學叢編》第一册。文末署

戊辰元夕

己巳　一九二九年

敦煌本十誦比丘尼波羅提木叉跋　《北平圖書館月刊》二卷五號　民國十八年五月

元代漢人譯名考　《國學論叢》二卷一號　民國十八年八月出版

清華大學王觀堂先生紀年碑銘　石刻拓片本　鈔本

庚午　一九三〇年

大乘義章書後　《中央研究院歷史語言研究所集刊》一本二分册　又載海潮音十二卷七號

敦煌刼餘錄序　《中研集刊》一本二分　又載《圖書館學季刊》七卷一期　《海潮音》十三卷十一號　《敦煌刼餘錄》卷首

敦煌本維摩詰經文殊師利問疾品演義跋　《中研集刊》二本一分　民國十九年五月出版　又載《海潮音》十二卷九號

靈州寧夏三城譯名考（蒙古源流研究之一）　《中研集刊》一本二分　民國十九年五月

吐蕃彝泰贊普名號年代考（蒙古源流研究之二）　《中研集刊》二本一分

馮友蘭中國哲學史審查報告二篇　第一篇作於民國十九年六月十一日

三國志曹沖華陀傳與印度故事　《清華學報》六卷一期　民國十九年六月出版

西遊記玄奘弟子故事之演變　《中研集刊》二本二分　民國十九年八月出版

敦煌本唐梵翻對字般若波羅蜜多心經跋　《國學論叢》二卷二期　民國十九年十二月出版

辛未　一九三一年

幾何原本滿文譯本跋　《中研集刊》二本三分　民國二十年四月

彰所知論與蒙古源流(蒙古源流研究之三)　《中研集刊》二本三分　民國二十年四月

蒙古源流作者世系考(蒙古源流研究之四)　《中研集刊》二本三分　民國二十年四月

李唐氏族之推測　《中研集刊》三本一分　民國二十年八月

壬申　一九三二年

蓮花色尼出家因緣跋　《清華學報》七卷一期　民國二十一年一月

禪宗六祖傳法偈之分析　《清華學報》七卷二期　民國二十一年六月

西夏文佛母大孔雀明王經考釋序　《中研集刊》二本四分　民國二十一年　月　又載《西夏研究》第一集，題作《西夏文佛母大孔雀明王經夏梵藏漢合璧校釋序》。

斯坦因所獲西夏文大般若經殘卷跋　《西夏研究》第一集

南嶽大師立誓願文跋　《中研集刊》三本三分　民國二十一年十月

與劉叔雅教授論國文試題書　《青鶴》雜志一卷三期　民國二十一年十二月　又《學衡》雜志七十九期　又民國二十年七月　日天津《大公報》文學副刊

高鴻中明清和議條陳殘本跋　《清華周刊》三十七卷八期　民國二十一年四月（原條陳殘本見《明清史料》第一期）　寅師手書原稿

癸酉　一九三三年

支愍度學說考　《中研院慶祝蔡元培先生六十五歲論文集》　民國二十二年一月　又清華排印單册本　一九五八年油印改訂本

讀連昌宮詞質疑　《清華學報》八卷二期（附影印《連昌宮圖》）民國二十二年六月　庚寅嶺南大學印本《元白詩箋證稿》一書中收入此文又有增改處

李唐氏族之推測後記　《中研集刊》三本四分　民國二十二年月出版

天師道與濱海地域之關係　《中研集刊》三本四分　清華印單册本　又一九五七年打字印改訂本　又排字油印增補本

甲戌　一九三四年

四聲三問　《清華學報》九卷二期　民國二十三年四月出版　又清華鉛印講義本

王靜安先生遺書序　本年六月三日作商務印《王靜安先生遺書》首册，又潘重規鈔稿本

乙亥　一九三五年

李太白氏族之疑問　《清華學報》十卷一期　民國二十四年一月　又油印本

陳垣西域人華化考序　原書卷首　按此書最初印本亦有無序者

元微之遣悲懷詩之原題及其次序　《清華學報》十卷三期　民國二十四年七月　按此文遵師囑未編入文集師云文中有誤處

元白詩中俸料錢問題　《清華學報》十卷四期　民國二十四年十月

三論李唐氏族問題　《中研集刊》五本二分　民國二十四年十二月

武曌與佛教　《中研集刊》五本二分　一九五七年三月重訂正油印本　又黑硬皮簿增補稿本

李德裕貶死年月及歸葬傳說考辨　《中研集刊》五本二分　油印改訂本

附論韓愈與唐代小說　英文　哈佛大學學報《亞細亞研究》第一卷一號

丙子　一九三六年

桃花源記旁證　《清華學報》十一卷一期　民國二十五年一月　一九五七年油印本有增改

東晉南北朝之吳語　《中研集刊》七本一分　民國二十五年三月

讀秦婦吟　《清華學報》十一卷四期　民國二十五年十月（小川秀美編目止此）　昆明自印綫裝本，改題爲《秦婦吟校箋》。廣州第二次油印本最完備，并改題《秦婦吟箋證》。

李唐武周先世事蹟雜考　《中研集刊》六本四分

府兵制前期史料試釋　《中研集刊》七本三分　民國二十五年十一月　後又有增補，印入《隋唐制度淵源論略稿》中，故文集未編入。

丁丑　一九三七年

逍遥遊向郭義及支遁義探原　《清華學報》十二卷二期　民國二十六年四月　又一九五七年油印本

敦煌石室寫經題記彙編序　本年六月作　許君原書前　又載民國二十八年十月出版之《中研集刊》八本一分　又鈔本有所增訂

庾信哀江南賦與杜甫詠懷古蹟詩　《清華中國文學會月刊》一卷二期

薊丘之植植於汶篁之最簡易解釋　《清華中國文學會月刊》一卷三期

狐臭與胡臭　清華大學中國文學會所編《語言與文學》　民國二十六年六月出版　綠格鈔本

論李懷光之叛　《清華學報》十二卷三期　民國二十六年七月

戊寅　一九三八年

讀通志柳元景沈攸之傳書後　鈔稿　未收入文集中　師云：此未成之作暫可不列。

陳垣明季滇黔佛教考序　序末署七月　原書卷首

順宗實錄與續玄怪錄　北大（昆明）四十周年紀念刊　民國二十七年十二月出版（篇末校者誤改數字）　自藏鈔稿本

己卯　一九三九年

劉復愚遺文中年月及其不祀祖問題　《中研集刊》八本一分　民國二十八年十月出版　又鈔本，有增改。

讀洛陽伽藍記書後　《中研集刊》八本二分　民國二十八年九月　此文作於蒙自

讀哀江南賦　昆明版《清華學報·清華三十周年紀念刊》　民國二十八年七月油印本　鈔本

敦煌本心王頭陀經及法句經跋尾　《中研集刊》八本一分　民國二十八年十月出版　又鈔本

劉叔雅莊子補正序　在昆明作　鈔本

隋唐制度淵源論略稿　一九三九年冬至一九四〇年作　渝版　一九四四年出版

辛巳　一九四一年

唐代政治史述論　在香港時作　渝版　一九四三年出版　手寫清稿尚存

讀東城老父傳　《中研集刊》十本合訂本（渝版分册滬版合訂）　一九五七年油印本　一九五八年四月鈔本有增補

讀鶯鶯傳　在港作　刊於民國三十一年出版之《中研集刊》十本合訂本　後有訂改，刊入《元白詩箋證稿》中。

魏書司馬叡傳江東民族條釋證及推論　在港作　初刊於民國三十二年渝版《中研集刊》十一本一分　師云：中有誤處，須依一九五七年廣州油印增改本

壬午　一九四二年

朱延豐突厥通考序　在桂林作　鈔本

姚薇元北朝胡姓考序　在桂林作　鈔本

陳述遼史補注序　本年十一月在桂林作　綠格鈔本

楊樹達積微居小學金石論叢續稿序　十二月在桂林作　綠格鈔本

癸未　一九四三年

鄧廣銘宋史職官志考證序　本年一月在桂林作　綠格鈔本（鄧有印本字多誤）

陶淵明之思想與清談之關係　作於桂林　哈佛燕京學社《中國文化研究所叢刊》　民國三十四年（本年民國三十二年）九月出版

甲申　一九四四年

以杜詩證唐史所謂雜種胡之義　在成都作　油印本

梁譯大乘起信論僞智愷序中之眞史料　《燕京學報》第三十五期　民國三十七年出版　鈔本

長恨歌箋證　《清華學報》十四卷一期　民國三十六年出版後增改，刊入《元白詩箋證稿》中。

元微之悼亡詩箋證稿　《中研集刊》二十本合訂本　後增改，刊入《元白詩箋證稿》中。

白樂天之先祖及後嗣　在成都作　《嶺南學報》九卷二期　後修改，刊入《元白詩箋證稿》中。

白樂天之思想行爲與佛道之關係　《嶺南學報》十卷一期

論元白詩之分類　《嶺南學報》十卷一期

元和體詩　以上七篇均在成都時作　《嶺南學報》十卷一期

白樂天與劉夢得之詩　作於成都　《嶺南學報》十卷一期

白香山琵琶引箋證　在成都作　《嶺南學報》十二卷二期

元微之古體樂府箋證　在成都作　《嶺南學報》十二卷二期　以上六篇後俱修改，於一九五〇年刊入《元白詩箋證稿》中。

乙酉　一九四五年

讀吳其昌撰梁啓超傳書後　本年舊曆四月在成都作　鈔本

戊子　一九四八年

徐高阮重刊洛陽伽藍記序　本年三月作于清華　綠格鈔本

楊樹達論語疏證序 本年十月在清華作鈔本 《論語疏證》書前，一九四八年北京出版

從史實論切韻 本年在清華作 《北京大學五十周年紀念論文集》 民國三十七年十二月出版 又《嶺南學報》九卷二期

己丑 一九四九年

崔浩與寇謙之 在嶺南作 《嶺南學報》十一卷一期 鈔本

庚寅 一九五〇年

元白詩箋證稿 本年十一月嶺南大學文化研究室出版綫裝本 又增補本上海中華書局出版平裝本

魏志司馬芝傳跋 一九五三年油印講義本 鈔本

書唐才子傳康洽傳後 《周叔弢六十歲紀念論文集》 一九五〇年七月出版

秦婦吟校箋舊稿補正 《嶺南學報》十二卷二期 一九五〇年六月出版 又油印修訂本

辛卯 一九五一年

論唐高祖稱臣突厥事 本年春作 《嶺南學報》十一卷二期 一九五一年六月出版 鈔本

論唐末隋初所謂「山東豪傑」 本年八月作 《嶺南學報》十二卷一期 一九五二年六月出版 又鈔本

論韓愈 本年冬作 《歷史研究》第二期 一九五四年五月出版 又油印講義本

壬辰　一九五二年

記唐代之李武韋楊婚姻集團　本年夏作　《歷史研究》第一期　一九五四年二月出版　又油印本

述東晉王導之功業　鈔本　《中山大學學報》　一九五六年三月　油印本(訂正定本)

論李栖筠自趙徙衞事　本年十二月作　《中山大學學報》　一九五六年十月　鈔本　油印本

癸巳　一九五三年

論唐代之蕃將與府兵　三月作　《中山大學學報》　一九五七年四月　鈔本　油印本

書杜少陵哀王孫詩後　四月作　鈔本　油印本

書世說新語文學類鍾會四本論始畢條後　九月作　油印打字本　《中山大學學報》　一九五六年六月

論再生緣　本年九月開始，明年二月寫訖。完成後自出資油印若干册。繼又作校補記。六四年又作後序。

甲午　一九五四年

柳如是別傳(初名《錢柳因緣詩證釋》後改今名)　本年三月間開始，至一九六四年夏寫訖。　鈔本

戊戌　一九五八年

書魏書蕭衍傳後　本年三月作　《中山大學學報》　油印本

甲辰 一九六四年

贈蔣秉南序 本年六月作 鈔本

乙巳 一九六五年

先君致鄧子竹丈手札二通書後 本年四月二十八日作 師母手鈔稿

寒柳堂記夢未定稿 本年 月至明年上半年間作。當時原有黄萱膽清稿兩份。內容分爲：弁言 （一）吾家先世中醫之學 （二）清季士大夫清流濁流之分野及其興替 （三）孝欽后最惡清流 （四）吾家與豐潤之關係 （五）自光緒十年三月至二十年十一月間清室中央政治之腐敗 （六）戊戌政變與先祖先君之關係 （七）關於寅恪之婚姻 案：先生此文雖基本完成，尚欲續寫一或二章，未及着手而運動起，遂輟。初稿既已不存，鈔錄之清稿二份亦不知流落何所。現僅存別鈔稿之《弁言》《吾家先世中醫之學》《戊戌政變與先祖先君之關係》三部分，及初稿第二章中前一節而已。已鈔補引文，附入《寒柳堂集》最後。

〔附錄〕

清談與清談誤國

陳寅恪講

清談一事，雖爲空談老莊之學，而實與當時政治社會有至密之關係，决非爲清談而清談，故即謂之實談亦無不可。

曹孟德以微賤出身，遽登高位，是以不重名教，惟好詞章。至司馬氏篡魏，而名教與自然之爭以起。蓋司馬氏本來東漢世家，極崇名教，故佐司馬氏而有天下者如王祥等，皆以孝稱。晉律，亦純爲儒家思想，非若漢律之自有漢家家法也。至是，凡與司馬氏合作者，必崇名教；其前朝遺民不與合作者，則競談自然，或陰謀顛覆。此二者雖因政治社會立場各異，有崇名教與尙自然之分，而清談實含有政治作用，决非僅屬口頭及紙上之清談，從可知矣。

竹林七賢，清談之著者也。其名七賢，本《論語》「賢者避世」、「作者七人」之義，乃東漢以來，名士標榜事數之名，如三君、八廚、三及之類。後因僧徒「格義」之風，始比坿中西，而成此名。所謂「竹林」，蓋取義於內典之 Vlenuvena，非其地眞有此竹林，而七賢遊談其下也。《水經注》中所引竹林古蹟，乃後人坿會之說，不足信。

七賢中之嵇康，爲一絕對之清談人物。其與山濤絕交，卽因濤爲司馬氏宗室與卒出山林而仕。其所以見殺，則由與魏宗室有婚姻之好，而又「非湯武薄周孔」，爲崇名敎之司馬氏所不容也。阮籍雖一行作吏，口不論人過，而仍幾不免爲何曾所欲殺者，卽由不孝得罪名敎故也。凡此，皆名敎自然之事，有以致之。至王戎王衍，遂思調和此二者，而使名敎與自然同一。故戎（或衍）問阮修（或瞻）：「聖人貴名敎，老莊明自然，其旨同異？」阮答以「將無同」，王卽辟爲掾，時人謂之「三語掾」。自是，名士多以清談獵取高官，高官好以清談附庸名士，而清談誤國者，遂比比皆是矣。故此時清談，一以自然爲體，名敎爲用，自然爲本，名敎爲末。卽散見詩文者，亦莫不歌詠自然與名敎爲同一也。

嵇紹，嵇康子。欲爲仕，以詢山濤。濤答以「天地四時，猶有消息，况於人乎！」意卽謂「天可變節，人亦可變」。易言之，卽自然可與名敎同一也。其後裴希聲撰《嵇侍中碑》云：「忠孝，非名敎之謂也，孝敬出於自然。」與謝靈運詩：「事爲名敎用，道以神理超」，皆是此意。至經史家則惟袁宏後漢紀好言自然與名敎同一；若范寗杜預，則俱重春秋名分，故范寗嘗謂「王何之罪，浮於桀紂」也。降至東晉末，清談之風稍戢。惟北朝河西，仍存西晉遺風。蓋由其地較爲安全，故西晉名士之未能南渡者，多樂往歸焉。

陶淵明之好自然，則爲不欲與劉宋合作。其思想之最後發展，可於形影神詩中見之：形言養身，重自然也；影言立善，貴名敎也；神則謂二者皆非，任化而已。其非自然亦非名敎之旨，實可代表當日思想演變之結束，自後遂無復有此問題矣。雖淵明別有一新自然說，然仍可以之爲主張自然說者也。總之，淸談之與兩晉，其始也，爲在野之士，不與當道合作；繼則爲名士顯宦之互爲利用，以圖名利兼收而誤國。故淸談之始義，本爲實談；因其所談，無不與當日政治社會有至密切之關係。其後雖與實際生活無關，仍爲名士詩文中不可不涉及者，學者固不可以其名爲淸談而忽之也。

張爲綱記

筆記附言：

本篇係民國三十二年七月陳寅恪先生在坪石中大文科研究所所講之兩個專題之一。記者幸得參聽末座，遂就興之所至，爲之略記一二。以非專於此道，又未經陳先生過目，故未嘗敢以示人。然友好中知有斯稿者，每從而索閱，實不勝其煩。乃特爲謄正，公諸世人，或亦治史者所樂讀也。……

關於王戎或王衍問阮修或阮瞻此一問題，陳氏則謂：「此個性之眞實雖不可知，但通性之眞實則可推定，治史者固不必斤斤於此也。」

卅七、九、二十、石牌

（原載一九四九年一月二十六日《星島日報》）

五胡問題及其他

陳寅恪講

五胡，謂五外族。胡本匈奴(Huna)專名，去「Na」著「Hu」，故音譯曰胡，後始以之通稱外族。

五胡與十六國，本兩觀念，决不可併爲一談。蓋十六國非盡胡人，而亦有漢人在內也。

近人繆鳳林氏據苻堅與姚萇語：「五胡次序，無汝羌名」，遂謂「五胡無羌」，非是。蓋不知「五胡次序」，乃圖讖名，「汝」係單數人稱代詞，「羌」爲姚萇之代稱；意卽謂：「圖讖中，並無汝姚萇名」也。

王國維氏謂「匈奴人高鼻深目」，亦非。蓋漢司馬遷班固作《史記》《漢書》時，必獲見匈奴，乃竟無一語及此：而祇言烏孫以西人高鼻多鬚，對匈奴非高鼻深目可知。更證以霍去病墓中掘出匈奴石像，僅兩顴甚高，益信匈奴非高鼻深目矣。

近人呂思勉氏謂：「羯，匈奴別種」，想緣「別部」一詞而誤。不知別部非謂別種，乃言別一部落也。

羯人石姓，係以居石國得名。又稱柘羯，柘亦石也。近人呂思勉氏以石勒，上黨羯室人，遂謂羯族之稱，因羯室而名，不知羯名早見於《史記·貨殖傳》；「室」，乃羯語「居住」之義，猶泥壤木簡佉盧文中Cinstan(卽震旦)之tan也。明乎此，則知羯乃族稱在先，而以作地名爲後起，非羯因羯室而有此族稱，乃羯室因羯族而始被此羯名也。

羯人與歐羅巴人爲同種，其語言亦屬印歐語族，尤以數詞與拉丁文近，僅「萬」字係自漢語借入，讀若Tinan，此由漢語「萬」，古本爲複輔音，如「蠆」「邁」二字聲母之別爲「T」「M」，卽係由此分化而成。

今藏文「億」爲Hman,「H」卽「T」聲變;俄語「萬」爲 Toman,則又自蒙古語間接輸入者也。或謂鮮卑人鬚髮皆黃色者,想係指其別部丁零而言。因鮮卑語與蒙古語近,自不無同族關係。然其別部丁零,固有黃髮者,則謂鮮卑爲黃髮兒,當卽指其別部丁零而言無疑。氐人漢化較高,能操漢語。羌人稍低,惟識羌言。故雖氐人時詆羌人,究其分別,非緣種族有異,而實文化不同耳。

至苻堅之所以必南征淝水,與魏孝文之必遷都洛陽,則皆由其時種族複雜,非藉高深之漢化,無以收統治融洽之效;欲收統治融洽之效,非取得中原正統所在地,卽無以厭服人心而奄有天下故也。

張爲綱記

(原載一九四九年四月三日《星島日報》)